학습자용

헌신된 제직 만들기 12주 프로젝트

―교육목회를 위한 청지기 훈련교재―

학습자용

헌신된 제직 만들기 12주 프로젝트
―교육목회를 위한 청지기 훈련교재―

이영운 목사 지음

신교횃불

들어가는 말

할렐루야!
위대하시고 거룩하신 하나님의 이름을 찬양할지어다!
주의 양들을 목양하도록 부르심을 받은 자들은
위대하시고 지혜로우신 하나님을 찬양할지어다!

필자가 청지기 훈련교재 집필을 시작한 지 벌써 10년이 지났다.

1986년 시카고 근교에 위치한 위튼대학의 빌리그래햄센터에서 1988년 한인세계선교대회를 준비하기 시작하던 때에, 시카고 지역에 위치한 교회를 시무하시던 K목사님의 부탁으로 그분의 교회에서 제직훈련교재로 사용하던 것을 필자가 수정보완하고 영어를 추가하여 이중언어 교재를 만들기로 이야기가 진행됐었다.

그 동안 필자의 많은 변화와 여러 가지 사정으로 집필을 미루어 오던 중에, 미래의 사역을 준비하는 신학생들에게 교육목회/기독교교육을 가르치면서 미래의 사역자들까지도 교육목회에 대한 이해와 관심이 결여되어 있음을 발견하고 결단을 할 수 있었다.

아울러 목회현장에서 사역을 담당하는 목회자들이 시중에 나와있는 다양한 청지기훈련 교재들을 소화하지 못하고 있다는 판단에서, 또 현대

목회가 교육목회 중심으로 변화하는 현실을 감안하면서, 그리고 목회자들의 교육목회를 지원한다는 의미에서 이 교재를 마무리하게 되었다.

「헌신된 제직 만들기 12주 프로젝트」가 나오기까지 많은 분들의 숨겨진 기도와 조언이 있었다.

시카고지역에 계시는 K목사님의 청지기훈련교재를 위한 제안과 원고 초안에 감사를 드리며, 청지기 훈련교재로 발행되기 위해서 그 동안 교회에서 실질적으로 사용해주셨던 미주 LA지역의 김동운 목사님(반석교회 담임), 최병수 목사님(인랜드한인교회 시무)과 여러 목회자들에게 감사를 드린다.

청지기 훈련교재가 출판될 수 있도록 계속해서 격려해주시고 또 "추천의 글"을 써주신 김상복 목사님(할렐루야교회 담임, 횃불트리니티신학대학원대학교 총장)과 교육목회연구소가 발전적으로 활동할 수 있도록 발동을 걸어주신 뉴욕의 이경복 목사님(뉴욕동양선교교회 담임)께 마음 깊은 곳으로부터 감사를 드린다.

1999년 우면산 기슭에서
필자가

추천하는 글

교육목회를 위한 교재들이 늘 부족한 한국교회에 「헌신된 제직 만들기 12주 프로젝트」가 나온 것을 무척 기쁘게 생각합니다. 청지기의 자질과 헌신 중심의 훈련교재들이 시중에 많이 나와 있기는 하나 자질뿐만 아니라 청지기들이 필수적으로 알아야 하는 기본적인 내용마저 포함시킨 교재는 드문 줄로 압니다.

「헌신된 제직 만들기 12주 프로젝트」는 이러한 목마름을 채워주어서 훈련교재로 쓰기에 적절하다고 생각합니다. 본서는 훈련에 맞추어 평가표를 수록했는데 개인별로 자신이 어떠한 상태인가를 점검해 볼 수 있습니다. 이러한 재료는 크게 진일보한 것입니다. 또한 이 재료는 한국어뿐만 아니라 영어로도 함께 편집될 예정인데, 한국과 북미주를 비롯한 영어권에서 함께 쓸 수 있게 된 것을 크게 기뻐하는 바입니다.

이영운 교수님은 이 교육훈련교재를 내는 데에는 너무도 적합한 분이십니다. 미주에서부터 제가 친히 알고 있던 이 교수님은 미주에서의 경험과 충분한 자료, 그리고 개인적인 경험과 함께 수많은 목회자들의 관심을 모으는 기회를 가졌던 분입니다.

이 교수님은 한국과 미국에서 신학을 공부하셨고, 교단 교육국에서의 섬김을 통해 개교회적인 면만이 아니라 더 넓은 정책과 비전을 공유하고 계시고 서울신학대학교와 횃불트리니티신학대학원대학교에서 기독교교육을 가르치며 목회자 과정을 위한 과목들을 다루고 계십니다.

　학문과 실무경험과 교수경험을 종합적으로 갖추신 이영운 교수님의 이 자료가 한국교회를 비롯해서 미주교회에도 널리 활용되어 교육목회에 크게 이바지하게 될 줄 믿습니다.

1999년 12월
햇불트리니티신학대학원대학교
총장 김 상 복

목차

1권

들어가는말 ··· 4
추천하는 글 ··· 6
목차 ·· 8
본서의 특징 ·· 11

제1과 청지기의 자격과 자세 ································· 13
집사의 직분 / 장로의 직분 / 목회자와의 관계

제2과 개인 구원의 확신 ·· 31
하나님과 인간(나)과의 관계 / 죄 문제에 대한 인간의 해결 방법
인간의 죄 문제에 대한 하나님의 해결 방법

제3과 기도생활 ··· 49
기도의 정의 / 기도의 방법 / 기도의 종류
기도의 응답 / 기도생활의 실제

제4과 말씀 읽는 생활 ··· 63
성경에 대한 이해 / 성경의 구분
성경의 유익성 / 성경에 대한 청지기의 자세

제5과 교회생활 ··· 77
교회의 본질 / 교회의 종류—이중성
교회의 사명과 기능 / 교회와 성례

제6과 전도생활 ··· 91
전도의 정의 / 전도의 중요성 / 전도의 준비
전도의 실천 / 전도자에 대한 상급과 경고

제7과 축복 받는 생활 ·········· 105
물질적인 축복 / 영적인 축복 / 가정 생활의 축복

제8과 교회 조직이해 ·········· 121
교회 행정의 의미 / 교회 행정의 범위
교회 기구, 조직 도표 / 교회의 조직, 기구 및
행정체제와 그 부서의 임무 및 기능 / 제직회 · 직원회
교회의 제직 선택기준에 대한 사례
예산 편성과 집행 / 회의 진행법

제9과 성경의 형성사 이해 ·········· 135
구약성경의 형성사 / 성경의 중간기 / 신약성경의 형성사

제10과 자녀교육 ·········· 149
자녀들에 대한 이해 / 성경이 가르치는 가정교육,
자녀교육 / 부모님께 드리는 구체적인 제안들

제11과 교파의 유래 ·········· 163
교회의 시작과 교파의 시작
신교의 각종 교파들
장로교회 / 감리교회 / 성결교회 / 침례교회 / 순복음교회
루터교회 / 구세군 / 그리스도의 교회 / 개혁교회 / 나사렛교회

제12과 비교종교이해 ·········· 183
로마 카톨릭교회 / 유대교 / 이슬람교 / 불교 / 힌두교

부 록 ·········· 211
할렐루야교회 / 충현교회 / 신촌교회 / 후암백합교회
횃불교회 / 평강교회

2권

1과   성령충만한 생활

2과   금식기도생활

3과   가정생활

4과   본이 되는 생활

5과   기독교교육 이해

6과   새신자 이해 및 양육

7과   교회사 이해

8과   이단종파 이해

9과   개인성경연구

10과   말세론 이해

11과   경건한 생활

12과   청지기생활

본서의 특징

1. 각 교회에서 청지기훈련/제직훈련 교재로 사용할 수 있도록 만들었다.

2. 개인적으로 공부하는 분들이 혼자서 공부하고 난 후에 본인의 신앙의 척도를 가늠할 수 있도록 매과의 끝에는 "자신의 평가표"를 만들었다.

3. 1권과 2권으로 나누어 편집함으로써 각 교회에서 봄, 가을로 제직훈련을 나누어 할 수 있도록 만들었다.

4. 1권에서는 평신도가 제직이 되기 위한 훈련과정을 주로 택하여, 제직의 기본적인 면을 주로 다루었다.

5. 2권에서는 현재의 제직들이 청지기로서의 사명을 잘 감당하게 하기 위해서 청지기에게 꼭 필요한 필수적인 내용을 깊이 있게 다루었다.

6. 지도자용과 학습자용을 구분해서 목회자들이 교회에서 성도시를 훈련할 때 교육효과를 극대화할 수 있도록 구성했다. 특히 학습자용에는 빈 칸을 제공함으로써 학습자의 집중효과를 높일 수 있도록 배려했다. 학습자용에 있는 빈 칸에 대한 해답을 지도자용에는 〔 〕안에 넣어서 교육할 때 혼동이 없도록 했다.

7. 각 교파간의 쟁점이 되는 부분은 가능한 배제함으로써, 어느 교파에서나 활용할 수 있도록 힘썼다.

제1과

청지기의 자격과 자세

- 집사의 직분
- 장로의 직분
- 목회자와의 관계

제1과 청지기의 자격과 자세

훈련목표
교회에는 여러 가지 직분이 있다. 이 과에서는 집사나 장로 직분의 의의가 무엇인지 알아보고, 자기가 맡은 직분을 어떻게 감당할 것인지, 또한 목회자를 어떻게 섬길 것인지 알아보고자 한다.

집사의 직분

1. 집사(DEACON: διάκονος)의 어원적 의미

가. '집사'라는 말의 헬라원어는 '디아코노스'로서 단어 자체가 집사의 뜻과 사명을 말해주고 있다. 성경에 보면 '디아코노스'라는 단어가 다음의 여러 가지 뜻으로 번역되어 있다.

(1) 요한복음 2:5—〔   〕
  집사란 〔   〕이라는 뜻으로, 주인되시는 예수 그리스도의 몸된 교회는 〔   〕의 사명을 다해야 한다.

(2) 마태복음 22:13 〔   〕
  집사란 〔   〕이라는 뜻으로 〔   〕하는 사명을 갖고 있다. 수종드는 사명을 갖고 있는 것이 집사의 직분이다.

(3) 고린도후서 6:4, 데살로니가전서 3:2—〔   〕
  집사라는 말은 〔   〕이라는 말과 같다. 교회에서 모든 일을 맡아서 봉사하고 수고하며 섬기는 자의 자세를 가진 〔   〕이 바로 집사이다(딤전 4:6, 골 1:7).

나. 오이코노모스(οἰκονόμος)

집사란 [   ]라는 뜻으로서 그 원어의 뜻은 '짐 맡은 자, 재산 관리자, 하나님의 비밀을 맡은 자'(고전 4:1)이며, '하나님의 [   ]'(딛 1:7)로 번역되어 사용되고 있다. 그리고 주인의 소유를 위탁받은 청지기(집사)들의 올바른 자세는 각양 받은 그 달란트(은사)대로 서로 봉사하는 것이다(벧전 4:10).

2. 집사의 기원—사도행전 6:1-6을 중심하여

가. 집사는 점차로 커 가는 교회 내에서 생기는 여러 가지 일들을 [   ]하기 위한 필요성을 충당하기 위하여 세워진 직분이다.
제1절—과부들을 [   ]하는 일에 등한히 한다는 불평이 생김.

나. 목사로 하여금 주임무인 [   ]하는 일과 [   ] 일에 더욱 충실할 수 있도록 시간적인 부담을 덜어드리기 위하여 세워진 직분이다.
제2절—하나님 말씀을 제쳐놓고 [   ]하는 일에 모든 시간을 드리는 것이 마땅하지 않다.

다. 집사 직분은 [   ]의 인도하심에 의하여 세워진 직분이다.
제5절—믿음과 성령이 충만한 사람을 뽑음.

라. 집사 직분은 [   ] 전하는 일에 본을 보이는 직분이다.
[   ] 집사는 사마리아 선교사로 가서 복음을 전하였고, [   ] 집사는 복음을 전하다가 첫 순교자가 되었다. 집사는 기본적으

로 복음전파의 선구자적인 역할을 감당하는 사명이 있다.

3. 집사의 성경적인 자격 — 디모데전서 3:1-12, 디도서 1:5-9, 사도행전 6:3-5을 중심하여

집사는 여러 가지로 갖추어야 할 자격이 많이 있겠으나, 성경에서 말하는 집사의 자격 중에서 세 가지만을 살펴봄으로써 우리의 현실을 파악하기로 한다.

가. [   ]에서 갖추어야 할 자격

- 깨끗한 양심에 [   ]을 가진 자(딤전 3:9)—[   ]이 있는 자
- [   ] 자(행 6:3)—하나님의 일을 지혜롭게 처리하는 자
- [   ]이 충만한 자(행 6:5)—성령의 인도하심으로 봉사하는 자
- [   ]가 있는 자(딤전 3:6)—신앙의 성숙자(새로 입교한 자는 금함)
- 모든 일에 주께 충성하는 자(딤전 3:11)—충성, 봉사하는 일에 충성된 자
- 가르치기를 잘 하는 자(딤전 3:2)—말씀을 사랑하고, 읽고, 가르치는 자

나. [   ]에서 갖추어야 할 자격

- [   ]을 잘 다스리는 자(딤전 3:4)—온 가정을 신앙적으로 잘 인도하는 책임이 있음. [   ]을 다스릴 줄 모르는 자가 교회[   ]를 돌볼 수 없음.
- [   ]을 성경적으로 잘 시키는 자(딤전 3:4)—자녀들에게 신앙, 가정교육을 잘 시킴.
- 한 아내의 남편이 된 자(딤전 3:2)—중혼자, 첩을 둔 자는 자격이 없음.

다. 〔   〕 및 〔   〕에서 갖추어야 할 자격

"먼저 시험하여 보고 책망할 것이 없으면 집사직을 줄 것이며"(딤전 3:10).

· 〔   〕에 책망할 것이 없는 자—일구이언하지 말며(딤전 3:8), 다투지 아니하며 (딤전 3:3), 중상 모략하지 아니하며(딤전 3:11).

· 〔   〕에 책망할 것이 없는 자—절제, 단정, 근신, 아담한 행동을 하는 자(딤전 3:11), 술에 인박히지 아니한 자(딤전 3:8), 더러운 이익을 탐하지 않는 자 (딤전 3:8), 구타하지 않는 자(딤전 3:3), 절제하고 근신하는 자(딤전 3:2), 나그네 대접을 하는 자(딤전 3:2), 방탕하거나 불순종하는 일이 없는 자(딛 1:6), 자기 고집대로 하지 않고 급히 분을 내지 않는 자(딛 1:7), 말씀대로 순종하는 자(딛 1:9).

· 외인(믿지 않는 자)에게 선한 증거를 얻은 자(딤전 3:7).

· 칭찬 듣는 자(행 6:3).

라. 〔   〕—제직의 술, 담배, 노름 등의 문제

고린도교회가 '고기 먹는 문제'로 시험을 받고, 교회가 분열 직전에 있을 때에 사도 바울이 주신 충고의 말씀(기독교인의 자유한계)을 소개함.

고기 그 자체는 잘못이 없다. 그 고기를 먹는 자체가 신앙이 좋다 나쁘다를 결정지을 수 없다(롬 14:3). 그러나 다음 몇 가지 기준에 의하여 〔   〕를 행사하라.

(1) 내 〔   〕가 약한 자들에게 걸림이 되지 않게 하라(고전 8:9).
(2) 내 〔   〕가 남에게 덕이 못되면 삼가하라(고전 10:23).
(3) 내 〔   〕가 하나님의 일을 망치면 삼가하라(롬 14:20).
(4) 내 〔   〕가 남을 근심하게 만들면 삼가하라(롬 14:15).
(5) 내 〔   〕가 남을 망하게 하는 결과를 가져오면 삼가하라(롬 14:15).

(6) 내 〔   〕를 하나님의 영광을 위하여 사용하라(고전 10:31).
 (7) 내 〔   〕라도 형제를 사랑하는 마음에서 스스로 포기하는 신앙의 인격을 갖추라(롬 14:21).

제직들의 주초 문제는 결과적으로 볼 때, 하나님과의 관계에서 하나님의 영광을 가리우며, 대인관계에서는 이웃에게 덕이 되지 못하며, 믿음이 약한 자들에게 걸림돌이 되며, 불신자들의 전도의 문을 막으며, 나 자신에게는 믿음의 성장에 걸림돌이 되어 신앙적으로 유익보다는 손해를 더 많이 가져오며, 모든 이에게 덕이 되지 못하므로 스스로 삼가하는 것이 신앙의 미덕이다.

4. 사명을 감당하는 집사의 자세 — 베드로전서 5:2-4을 중심하여

· 〔   〕하며 봉사할 것(2절): 부득이 함으로 하지 말라.
· 하나님의 뜻을 좇아하라(2절): 내 고집, 내 주장, 내 뜻대로 하지 말라.
· 〔   〕 뜻으로 하라(2절): 더러운 이를 위하여 하지 말라(명예, 칭찬, 출세 등).
· 본이 되는, 본을 보이는 봉사를 하라(3절): 권위의식을 갖고 하지 말라.
· 충성된 자세로 봉사하라(고전 4:2).
· 〔인내심〕으로 봉사하라(계 2:10): 죽기까지 봉사하는 자세로 하다.
· 순교자적인 자세로 봉사하라(행 20:24).

〈참고〉 사도행전 6장에서는 집사라는 단어가 나오지 않으나, 사도행전 21:8을 보아 선택받은 7사람들이 집사였음을 알 수 있다("일곱 집사 중 하나인 전도자 빌립의 집에…").

장로의 직분

장로를 히브리어로는 자케인(זָקֵן)이라 하는데, 창세기 50:7과 출애굽기 3:16 등에 나온다. 세이바(שֵׂיבָה)라는 말이 있는데, 이는 창세기 42:38, 신명기 32:25, 열왕기상 2:6 등에 '백발노인' 이라는 뜻으로 나타나며, 살(שַׂר)이라는 말은 '추장, 우두머리, 통치자' 라는 뜻으로 창세기 21:22, 민수기 31:14, 사사기 5:15 등에 나오는 단어이다.

구약의 술어상 '장로' 라는 용어는 이스라엘의 〔   〕 지도자를 가리키는 막연한 용어였다. 이스라엘 역사에서 장로 제도를 본격적으로 제정하여 실시하기 시작한 것은 광야교회에서였다. 출애굽 당시의 지도자 모세의 책임은 너무 크고 그 업무량은 너무 과중해서 모세 혼자서 이를 감당하기에는 힘들었으므로, 하나님은 모세의 〔   〕로 장로 70명을 세우도록 명하시고, 또 그들이 장로의 직무를 원만히 감당할 수 있도록 하기 위해서 각자에게 성령이 임하게 하셨다. 이것이 유대교의 장로의 시작이며, 후에 나타나는 산헤드린 정원 71명은 바로 여기서 기인한 것이다.

초대교회 장로는 사도행전 11:30에 처음 나타났다. 바울도 직접 장로를 택하여 세우기도 하고 다른 목회자들에게 장로를 택하여 세우도록 권면하기도 했으며(딛 1:5), 또 장로가 될 사람의 자격을 구체적으로 언급함으로써(딤전 3:1 이하) 그리스도 교회의 장로직을 일단 제도화했다고 할 수 있다. 그 때부터 기독교회는 장로들이 사도들과 협력하여 교회 행정의 중요한 지위를 차지하게 된 것이다(행 15:2, 4, 6, 22, 16:4).

1. 성경에 나타난 장로의 자격

신약성경에서 교회의 지도자인 장로에게 상당히 엄격한 자격을 요구함을 알 수 있다. 교회가 아무리 초라해 보여도 그 교회를 지도하는 장로는 교회의 〔   〕이고, 〔   〕이고, 〔   〕이므로, 이 직에 취임하는 자는 마땅히 거기에 합당한 자격을 갖추어야 한다. 성경이 정하고 있는 장로의 자격을 요약하면 다음과 같다.

가. 〔   〕에게 모범이 되어야 한다.
　첫째로 성령과 지혜가 충만해야 한다(행 6:3).
　둘째로 〔   〕받을 일이 없어야 한다(딤전 3:2).
　셋째로 남을 〔   〕이 있어야 한다(딤전 3:2).

나. 〔   〕으로서 모범적이어야 한다.
　첫째로 한 여인만을 아내로 삼아야 한다(딤전 3:2).
　둘째로 〔   〕을 잘 다스릴 줄 알아야 한다(딤전 3:4-5).
　셋째로 나그네를 대접할 줄 알아야 한다(딤전 3:2).

다. 〔   〕으로서 무흠해야 한다.
　첫째로 〔   〕과 품위가 있는 인격자여야 한다(딤전 3:2-7).
　둘째로 결백해야 한다(딤전 3:2).
　셋째로 세상 사람들에게서도 좋은 평판을 받아야 한다(딤전 3:7).

2. 장로의 권한과 직무

장로의 권한과 직무는 교단마다 다르기 때문에, 교단 헌법에 나와있는 부분을 따라야 한다.

3. 장로의 임직과 사임

장로의 권한과 직무와 마찬가지로, 장로의 임직과 사임에 관해서도 교단마다 다르기 때문에, 교단 헌법에 나와있는 부분을 따라야 한다.

4. 장로직에 대한 오해

가. 장로가 〔   〕이라는 오해
책임을 지는 면에서는 모든 교인, 즉 목사, 장로, 권사, 일반신자 모두 다 주인이다. 그러나 특권적인 주인은 오직 하나님이시다(마 16:18, 딤전 3:15). 그러나 교회의 총책임자요 대표는 목사이다(눅 12:42, 행 20:17-28, 고후 5:20, 엡 6:20, 계 2:1).

나. 안수례(기름부음)를 받았으니 〔   〕와 같다는 오해
구약에서는 왕과 선지자, 제사장 이 세 가지 직분이 기름부음을 받았는데, 그 역할이 서로 달랐다. 왕이라도 제사장이 될 수 없고, 또 제사장이 왕이 될 수 없었다.
현대교회에서는 안수하여 세운 직책이 세 가지 있는데, 첫째는 안수집사, 둘째는 장로, 셋째는 목사이다. 다같이 안수를 받지만, 그 자격과 직책은 서로 다르다. 안수집사가 안수를 받았다고 장로와 같은 행사를 할 수 없고, 장로가 안수를 받았다고 목사와 같은 행사를 할 수 없다.

다. 장로는 〔   〕라는 오해
장로는 〔   〕이다. 교회에서의 모든 직분, 곧 목사, 장로, 권사, 집

사, 성가대, 교회학교 교사, 구역장 등은 모두가 기능상으로는 성직이지만 목사 외에는 성직자가 될 수 없다. 그러므로 집사나 장로가 직업이 될 수 없는 것이다. 하지만 목사는 직업적으로 성직자이다. 전적으로 그 일을 생업으로 알고 종사하는 것이 직업이다. 그러나 성직은 생활 방편으로 가지는 직업이 아니라, 하나님으로부터 부름 받은 구별되고 거룩한 직업이라 할 수 있다. 그래서 목사나 신부를 성직자(Clergy)라고 한다. 그리고 직업란에도 목사라고 기입하지만, 장로는 직업란에 장로라고 하지 않고 자기의 생업을 기입하는 것이다. 이상에서 우리는 장로가 교역자가 아니라 목사의 가르침을 받는 〔   〕이며(딤전 2:7, 딤전 5:17), 목자가 아니라 양무리의 대표이며 따라서 장로는 양무리의 본이 되어야 함(벧전 5:1-4)을 알아야겠다.

결론적으로, 바람직한 장로상은 양무리의 대표로서, 또 그리스도의 지체인 교회를 위해서 여러 가지를 들 수 있겠지만, 가장 보편적이고 우선적인 여섯 가지 모습이 있다.

첫째, 〔   〕를 부리지 않아야 한다. 장로직은 교회 평신도의 가장 높은 사대도 입시보나는 가정 낮은 사대에서 봉사하는 직분이라는 자세를 가져야 한다.

둘째, 〔   〕하지 않아야 한다.

셋째, 장로는 하나님의 〔   〕으로 알아야 한다.

넷째, 장로직은 교역자를 견제하는 직분이 아니라, 〔   〕이라는 것을 명심해야 한다.

다섯째, 일반 교인 앞에서 교역자를 〔   〕해서는 절대로 안 된다(민

16:1-38).

여섯째, 교역자의 사기를 양양시켜 주는 자가 되어야 한다. 마차를 끌고 언덕길을 올라가는 교역자를 뒤에서 힘껏 밀어주는 장로가 되어야 한다.

목회자와의 관계

1. 주의 종(목사 및 장로, 영적 지도자)에 대한 청지기의 자세—히브리서 13:17을 중심하여

가. 그들에게 〔   〕하라.
우리의 영적 축복을 위하여 수고하시는 분들이므로 "너희를 인도하는 자들에게 순종하고 복종하라."

나. 그들의 마음에 〔   〕을 주지 말라.
정신적인 고통, 마음의 번민이 없도록 협조하라. "저희로 하여금 즐거움으로 이것을(목회를)하게 하고, 근심으로 하게 말라."

다. 여러분들의 유익과 영적, 육적 축복을 위하여 하라.
하나님께서는 주의 종을 잘 섬기는 자에게 축복을 주기를 원하신다. "그렇지 않으면 이는 너희에게 유익이 없느니라."

라. 주의 종들을 가능하면 해하지 말며, 처벌, 심판, 상처를 주지 말라 (삼상 24:5-6, 삼상 26:9-11, 대상 16:22 참고).
주의 종들이 실수나 잘못이나 범죄를 하게 될 때, 그를 세우신 하나님께서 친히 당신이 원하시는 대로 벌도 주시고 책망도 하시므로,

제직들은 가능하면 주의 종들을 위하여 간절하게 기도하면서, 주의 종에 대한 과격한 언어나 지나친 행동을 삼가하는 것이 성서적이며 하나님께 영광이 되고, 또한 덕이 된다. 그리고 이것이 자신들이 더욱 축복을 받을 수 있는 길이다.

시 105:15―나의 기름 부은 자를 만지지 말며 나의 선지자를 상하지 말라.
대상 16:22―나의 기름 부은 자를 만지지 말며 나의 신지자를 상하지 말라.
삼상 26:9―여호와의 기름 부음을 받은 자를 치면 죄가 없겠느냐
삼상 26:10―여호와께서 그를 치리하시리니(삼하1:14, 삼상 24:5-6―다윗의 예)
역대하 20:20―주의 종을 신뢰하라. 그리하면 형통하리라.
민 12:8―주의 종을 비방하지 말라

마. 주의 종에게 〔   〕하라―아첨하라는 말과 혼돈하지 말라.
다윗의 세 용사들이 목숨을 걸고 왕이 원하시는 베들레헴 성문 곁 우물물을 가져옴(삼하 23:14-17).

바. 주의 종을 〔   〕하고 도와주라―출 17:8-13
피곤할 때, 힘이 모자랄 때, 낙심할 때 옆에서 격려하고 도와주라.
출 17:8-13―아론과 훌이 모세를 도와줌
데살 11:10―세 징고이 디윗에게 생명을 마서서 운싱함
삼상 26:23―주의 종을 아끼고 보호함
삼하 1:12-15―주의 종을 위하여 진심으로 기도함
삼하 12:7-14―주의 종들에게 사랑의 충고를 드리라

사. 충성스러운 청지기가 받을 상급이 많음을 알라.
딤전 3:13―아름다운 지위를 얻으며, 믿음의 담력을 얻음.

벧전 5:4—시들지 않는 영광의 면류관을 얻으리라.

삼하 2:6—여호와께서 은혜와 진리로 베풀어주심.

2. 주의 종에 대한 기대와 충고의 자세

가. 주의 종에 대한 기대—교인들이 기대하는 목사의 상

교인들이 설교 잘하는 목사, 행정 잘하는 목사, 사랑으로 교인들을 잘 돌보는 목사, 말씀 잘 가르치는 목사를 물론 원하고 있다. 그러나 때로는 위의 네 가지를 어느 누구보다도 잘하시는 목사님들이 목회에 실패하고 교회를 떠나시는 경우가 있음을 보면서, 목사님들에게 무엇보다도 필요한 것은 교인들로부터 존경을 받을 수 있는 그리스도의 형상을 닮은 신앙의 인격이라는 것을 알게 되었다. 그래서 다음 몇 가지를 위해서 더 기도하고 노력하도록 목사님께 권면해드리고, 직원들에게는 목사님을 이해하도록 권면하려 한다.

(1) 정직, 솔직한 인격의 소유자(삼하 24:2-5, 욘 1:12)—실수, 허물 그리고 범죄를 했을 때, 교인들 앞에서 솔직하게 자신의 실수를, 자신의 약점을 인정하고 고백할 수 있는 솔직한 용기를 가진 목사님.

(2) 사랑과 아량이 넘치는 인격의 소유자(눅 23:28)—자신에게 어떤 실수와 허물을 범한 사람이라도, 어떤 종류의 깊은 상처와 손해와 아픔을 주었을지라도 그분이 솔직하고 진실하게 사과하고 회개하고, 용서를 빌 때에 그분을 용서하고 그 잘못을 완전히 잊어버릴 수 있는 목사님.

(3) 인내와 희생의 인격의 소유자(요 21장)—자신이 억울해도, 자신이 잘 했을지라도, 하나님의 영광을 위해서, 교회의 평화를 위해서, 교

인들의 유익을 위해서 먼저 찾아가서 사과하고 회개하고, 상대방의 마음을 풀어줄 수 있는 인내와 희생의 인격을 소유한 목사님.

나. 주의 종들에게 【　　】를 드려야 함(삼하 12:7-15)

하나님의 영광을 가리고 교회 부흥에 지장을 초래하며, 전도의 문을 막으며, 목회자 자신을 망하게 하며, 교인들에게 덕이 못되는 허물, 실수, 약점, 나쁜 습관, 범죄를 목사님 자신이 범할 때, 목사님 자신을 위해서라도 꼭 제직들이 사랑의 충고를 드려야 한다. 이 때는 나단 선지자처럼 사랑으로, 기도하는 마음으로 해야 한다. 소문에 근거하지 말고 사실에 근거해서 해야 하며, 개인의 감정과 이익 때문에 하지 않도록 해야 한다.

다. 【　　】의 방법, 절차, 자세

(1) 목사님을 위해서 계속 【　　】하고 최소한 주의 종을 위해서 일일 금식기도를 한 후에 충고.
(2) 충고할 때 시간, 장소, 또한 목사님의 기분을 살펴서 함.
(3) 충고할 때 그 마음의 자세와 말의 표현, 억양 표현에 실수가 없도록 주의하고, 겸손하고 진실된 자세로 하고, 심판자의 입장에서가 아니라 이해하는 자세로 한다.
(4) 개인 감정, 편견을 일체 버리고 대화한다(주의 종을 아끼고 사랑하는 자세로).
(5) 충고를 했을 때 받아들여지지 않으면, 그 이상 더 말하지 말고 성령님께 맡기고 기도를 계속한다.
(6) 전혀 깨달음이 없고 변화가 없으면, 그 목사님을 내어 보낼 생각을 말고 나 자신이 조용히 교회를 떠남.

(7) 떠날 때 인격적으로 목사님께 예의를 지키고, 떠나는 이유를 가능하면 교인들께 말하지 말고(목사님께는 솔직하게 말씀드리고) 떠남.
(8) 그 후에 교회 선정에 최대한 신중을 기함.
(9) 떠난 교회와 목사님을 위해서 계속하여 기도함.

그 동안 주님의 종들에 대한 나의 자세를 한번 반성하여 보고, 괴로움을 다 정리하고 새로운 마음과 자세로 몸된 교회에서 더 충성하고 봉사하시기를 바란다.

청지기를 위한 십계명

1. 깨끗한 양심에 믿음의 비밀을 가져라(딤전 3:9)―구원의 확신과 중생의 체험이 있는 자
2. 성령의 인도하심을 사모하라(행 6:5)― 믿음과 성령이 충만한 자
3. 신앙의 성숙을 힘쓰라(딤전 3:6)―믿음의 연조가 있는 자
4. 출석과 봉사에 열심을 내라(딤전 3:11)―모든 일에 주께 충성하는 자
5. 말씀을 듣고, 읽고, 지키기를 힘쓰라(계 1:3)―성경말씀을 사모하는 자
6. 가르치기를 즐기라(딤전 3:2)―가르치기를 힘쓰는 자
7. 자기 집을 잘 다스리라(딤전 3:4)―온 가정을 신앙적으로 잘 인도하는 자
8. 자녀들을 성경으로 교육하라(딤전 3:4)―자녀들에게 신앙교육을 잘 시키는 자
9. 말에 책망할 것이 없도록 하라(딤전 3:8, 11)― 말에 책망할 것이 없는 자
10. 행동에 책망할 것이 없도록 하라(딤전 3:2, 3, 8, 11, 딛 1:7, 9)―행동에 책망할 것이 없는 자

제 1 과 청지기의 자격과 자세에 대한 자신의 평가표

자신이 이미 청지기로서 봉사하는 중이라고 가정을 하시고 다음 질문에 대해서 자기 자신의 평가를 스스로 해보시기 바랍니다. 이러한 평가가 신앙의 성장을 가져오는 계기가 되시기를 바랍니다. 자신이 먼저 솔직하게 채점을 한 후에 부인(혹은 남편)과 바꾸어서 서로 채점을 하여 그 차이점이 얼마나 되는가를 보시며, 또한 다른 사람의 눈에 비친 자기 자신의 모습을 볼 수 있는 기회가 되시기를 바랍니다(공부한 내용을 보시면서).

1. 영적인 자격 채점 (영적생활, 교회 봉사생활)   (%)

구원의 확신	있다( )	없다( )	잘 모르겠다( )		
주님께 충성하는 생활	20	40	60	80	100
기도하는 생활	20	40	60	80	100
말씀을 읽는 생활	20	40	60	80	100
집회에 참석하는 생활	20	40	60	80	100

2. 가정생활에서의 자격 채점

남편(부인)에 대한 이해심	20	40	60	80	100
남편(부인)에 대한 협조심	20	40	60	80	100
남편(부인)에 대한 인내심	20	40	60	80	100
자녀에 대한 이해심	20	40	60	80	100
자녀에 대한 인내심	20	40	60	80	100
자녀에 대한 사랑	20	40	60	80	100

3. 사회생활, 대인관계에서의 자격 채점

말에 대한 성실(약속, 비밀, 가십 등)	20	40	60	80	100
행동에 대한 본(절제, 근신, 단정 등)	20	40	60	80	100
남의 인격 존중	20	40	60	80	100

남에 대한 관용, 이해심	20	40	60	80	100
남을 돕는 생활	20	40	60	80	100
나쁜 습관에 대한 절제력	20	40	60	80	100
주의 종에 대한 섬김의 자세	20	40	60	80	100

제 2 과

개인 구원의 확신

· 하나님과 인간(나)과의 관계
· 죄 문제에 대한 인간의 해결 방법
· 인간의 죄 문제에 대한
  하나님의 해결 방법

제2과 개인 구원의 확신

훈련목표

기독교에서 가장 중요한 것은 예수께서 나 자신의 죄 문제를 해결해 주셨다는 사실이다.
예수를 믿는 모든 사람들은 이러한 사실에 대한 확신이 있어야 한다.
이 과에서는 하나님과 나와의 관계와 하나님께서 인간의 죄 문제를 어떻게 해결하셨는지를 알아보고자 한다.
본 과를 통해 구원의 확신이 탄탄히 다져지기를 바란다.

청지기들이 갖추어야 할 여러 가지 영적인 무장 가운데 개인의 〔   〕이 가장 중요하다. 자기 자신이 죄인임을 고백하고, 그 모든 죄를 하나님께 회개하고, 십자가의 보혈로 죄 사함을 받아 예수 그리스도를 마음에 구주로 영접을 한 〔   〕을 가진 사람만이 참된 하나님의 자녀가 되며, 온전한 교회의 교인으로서 봉사에 동참할 수 있는 것이다.

하나님과 인간(나)과의 관계

하나님과 나(인간)와의 관계, 나와 예수님과의 관계, 인간과 죄와의 관계를 이해하지 못하면 결코 기독교를 이해할 수 없으며, 또한 신앙인이 되어 구원을 받을 수 있는 기회가 희박해지는 것이다.

1. 창조주와 〔   〕과의 관계이다

가. 인간을 하나님의 〔   〕 창조하셨다: 창 1:27

나. 인간을 흙으로 빚어서 만드셨다: 창 2:7

다. 인간에게 생기를 불어넣어서 생령이 되게 하셨다(우리 인간에게는 영혼을 주셨다): 창 2:7

라. 인간에게 만물을 다스리는 만물의 영장권을 주셨다: 창 1:28

마. 인간이 행복하게 살 수 있도록 〔   〕을 빌어주셨다: 창 1:28

바. 하나님의 친교의 대상으로 인간을 창조하셨다: 창 3:8

사. 인간을 부부로 창조하시고 가정을 이루어 〔   〕 살게 하셨다: 창 2:18, 2:24

아. 인간에게 자유의지, 선택의 결정권을 주셨다: 창 2:16-17, 참고 성경 구절: 신 30:19-20

하나님께서 우리 인간을 모든 동물 위에 뛰어난 〔   〕 존재(하나님의 형상대로 지으심), 〔   〕 존재(부부가 서로 함께 살게 지으심), 또한 〔   〕 존재(하나님의 법을 어기지 말라고 명령)로 만드셨으며, 아주 행복하게 잘 살도록 축복을 주셨으며, 우리를 하나님의 〔   〕의 대상자(모든 피조물이 다 우리의 쓰임을 위하여 창조됨)와 〔   〕의 대상자로 창조하셨음을 알 수 있다.

2. 〔   〕는 하나님과 인간과의 〔   〕이다

인간은 하나님께서 주신 자유의지, 〔   〕의 자유권을 잘못 사용함으로써 하나님의 명령을 어기는 〔   〕의 죄를 짓게 되었다. 그 결과 하나님과의 그 친근한 관계, 개인적인 유대관계가 완전히 끊어져 버리고, 하나님과 갈라지는 운명이 되었다. 하나님께서는 당신이 세우신 〔   〕의 법칙대로 죄를 지은 인간에게 형벌을 선언하시게 되었으며, 〔   〕인간들을 에덴동산에서 쫓아내시지 않을 수 없으셨다. 다음 도표는 인간의 죄가 가져오는 관계의 단절을 잘 보여준다.

아담과 하와가 교만과 불순종의 죄를 지은 결과: 모든 관계의 불화

인간의 대외관계	죄를 짓기 전의 상태	죄를 지은 후의 상태
하나님과 인간 사이가 멀어짐	창 1:26	창 3:8-9, 사 59:2
인간과 인간 사이가 멀어짐	창 2:22-23	창 3:12
인간과 동물 사이가 멀어짐	창 1:28, 2:19, 사 11:8-9	창 3:15
인간과 식물 사이가 멀어짐	창 1:29	창 3:17-18

3. 죄의 〔   〕는 죽음이다

아담과 하와가 불순종의 죄를 지음으로 인간 후손에게 미친 결과는 사망이다. 즉 인간과 하나님과의 관계가 단절됨으로 영원한 생명에서 떨어져서 죽음에 이르게 된 것이다.

가. 사망이 세상에 들어왔다.
   우리 인간은 누구나 다 죽을 운명이다: 롬 5:12
   죄의 값은 사망이다: 롬 6:23, 겔 18:4

나. 인간들은 모두 죄인으로 태어나게 되었다(원죄론): 롬 5:12, 14,
   3:23 <참고> 요일 1:8

우리 조상 아담의 범죄에 우리 모두가 다 공동적으로 연대책임을 지며 동참자가 되었다: 롬 5:14

다. 인간들은 그 죄의 결과로 영원히 하나님과 떨어져서 지옥에서 영벌을 받을 사형선고를 받았다: 창 1:27, 요 3:16 (멸망)

라. 우리 인간들은 다 〔   〕 양처럼 하나님을 떠나서 각기 제 갈 길로 가서 죄의 생활을 하고 있다: 사 53:6

마. 인간은 죄의 결과로 하나님과 〔   〕가 완전히 끊어졌다: 사 59:1-2

바. 죄의 결과로 인간은 마음속에 〔   〕을 갖게 되었다: 롬 7:23-25
죄의 종이 되어 마음의 평화와 기쁨을 잃어버리고 번민하는 인간이 되었다.

죄 문제에 대한 인간의 해결방법

우리의 육과 영이 영원히 죽을 수밖에 없는 무서운 저주를 우리에게 가져다 준 이 중대하고 심각한 죄 문제의 해결점이 어디 있는가? 인류 역사를 통하여 성인들이 여러 가지 방법으로 죄 문제에 대한 해결책을 연구하고 제시하여 왔다. 그러나 얻은 결론은 우리 인간의 힘과 방법으로는 이 죄 문제를 해결할 수 없다는 것이다.

1. [   ]가 사용한 방법 —우리 인간들이 지금도 사용하고 있는 방법

   가. 숨어버리는 방법(하나님의 낯을 피하는 것): 창 3:8-10

   나. 죄를 감추는 (가리는) 방법(일시적으로 죄를 보이지 않게 하는 것): 창 3:7

   다. 죄를 정당화하고 합법화하는 방법(상황윤리적용): 삼상 13:10-12
   우리 인간들은 이러한 방법으로 죄의 문제를 완전히 해결할 수 없다는 사실을 알고 있다.

2. 인간이 시도하는 [   ]들

   인간의 죄 문제는 인간의 선행이나 공로, 물질, 학문의 노력, 윤리나 도덕의 최고의 노력, 사상이나 고행 등으로 해결할 수 없다.

   가. 우리의 선행을 가지고 하나님 앞에 의롭다함(죄 없다함)을 인정받지 못한다: 롬 3:20, 딤후 1:9

   나. 금이나 은 같은 물질로도 죄 문제를 해결할 수 없다: 벧전 1:18-19

   다. 우리의 행위를 통하여서는 죄에서 구원받을 수 없다: 엡 2:8-9

인간의 죄 문제에 대한 하나님의 해결방법

1. 하나님은 ( )를 벌하신다

하나님께서는 ( )이시기 때문에 어떠한 죄인도 용납하시고 사랑하신다. 반면에 하나님께서는 ( )로우시고 ( ) 분이시기 때문에 죄를 미워하시고, 죄를 용납하실 수 없고, 죄를 벌하셔야만 하시는 분이시다. 그러므로 하나님의 사랑을 알고서 마음껏 죄를 지을 수 없는 것이고, 죄 문제를 하나님의 사랑만으로 해결하려고 해서는 안 되는 것이다. 하나님은 죄를 꼭 벌하신다.

가. 하나님은 ( )이시다: 출 34:6-7, 요 3:16, 요일 4:7-8
하나님은 우리 인간을 공평하게 끝까지 사랑하신다. 이 하나님의 사랑의 특징은 아가페사랑이다.
(1) 자기 자신을 주시는 희생적 사랑이다: 요 3:16
(2) 경건치 않은 자와 죄인을 위해 죽으신 조건이 없는 사랑이다: 롬 5:6-8
(3) 변함이 없는 영원한 사랑이다: 렘 31:3
(4) 내가 사랑하기 전 먼저 사랑하시는 선행(先行)적 사랑이다: 요 15:16

나. 하나님은 ( )하시고 ( )로우신 분이시다.
정하신 공의, 법대로 죄를 다스리시는 분이시다: 렘 19:2, 신 32:4
죄를 범하면 반드시 죽으리라는 법을 세우셨다: 창 2:17

2. 하나님은 인간을 〔   〕하신다

인간이 죄를 지었음에도 불구하고 하나님은 인간을 사랑하신다. 그렇기 때문에 인간의 죄 문제를 하나님께서 해결해서라도 인간을 구원하신다. 하나님은 죄 문제를 어떻게 하시고 인간을 구원하시는가?

가. 하나님은 〔   〕을 세우셨다.
 (1) 하나님은 우리 죄인들을 구원하시기로 뜻을 정하셨다.
 (2) 우리 죄를 다 용서하여 주시기 위하여 독생자 예수를 보내 주셨다:
  요 3:16, 롬 5:8
  즉 하나님 자신이 우리 죄를 해결하시기 위하여 우리 인간의 몸을 입으시고 이 세상에 오셨다: 요 1:1, 2, 14, 17, 20:28, 빌 2:6

나. 하나님은 하나님의 〔   〕을 친히 〔   〕하셨다.
 인간의 몸을 입으시고 이 세상에 오신 하나님은 친히 자신이 세우신 계획을 십자가에서 이루셨는데, 우리 죄를 대신하여 죽으심으로 우리 인간들의 죄 문제를 영원히 해결해 주셨다.
  · 이 세상 죄를 다 짊어지시고 대속하시기 위하여 오셨다: 요 1:29
  · 불의한 우리 죄인들을 위하여 대신 희생되셨다: 벧전 3:18
  · 우리의 죄를 속해 주시기 위하여 피를 흘리셨다: 롬 4:25, 히 9:22
  · 죽을 수밖에 없는 우리 대신 예수께서 돌아가셨다(죄 값을 지불하심): 롬 5:6
  · 우리 죄 때문에 십자가에서 돌아가셨다: 고전 2:2
  · 그가 죽으심으로 우리를 다시 하나님과 화해시켜 주셨다: 고후 5:18, 엡 2:16
  · 그의 피로 하나님과 우리 인간들을 다시 가깝게 해주셨다: 엡 2:13
  · 그의 죽으심으로 하나님과 우리 사이의 막힌 담을 무너뜨려 주셨다: 엡 2:14-16

· 허물과 죄로 죽었던 우리를 다시 살리셨다: 엡 2:1
· 우리의 죄 값(몸값)을 지불하시기 위하여 세상에 오셨다: 막 10:45
· 사탄의 손에 잃었던 죄인들을 다시 찾아 구원하시기 위하여 오셨다: 눅 19:10
· 그의 죽으심으로 죄인들에게 영생의 길을 열어 주셨다: 요 3:16

다. 하나님은 우리의 〔   〕를 요구하신다.

인간이 할 수 있는 방법은 의심 없는 믿음과 철저한 회개뿐이다. 하나님께서 우리 인간들(죄인들)을 사랑하셔서 우리의 죄 문제를 해결해 주시기 위하여 독생자 예수를 희생하여 주셨고, 또한 예수께서 친히 우리 죄를 위하여 대신 희생하심으로 우리 죄의 대가를 지불하셨고, 죄의 용서와 구원의 길을 십자가의 죽음과 부활을 통하여 마련하여 주셨다. 우리 죄인들은 이 사실을 의심 없이 믿고, 우리가 죄인임을 고백하고 철저히 회개함으로써 죄의 구속, 형벌, 공포, 저주에서 벗어나 해방을 얻을 수 있다.

· 하나님께 나아가 우리 죄 문제를 고백하고 회개하라: 사 1:18
· 하나님께 우리 죄를 솔직하고 진실되게 자백하라: 요일 1:9
· 죄를 회개하면 우리 죄를 우리에게서 멀리 옮겨주신다: 시 103:12
· 죄를 철저히 회개하면 다 용서하시고 기억도 하지 않으신다: 렘 31:34
· 내 모습 그대로 하나님 앞에 회개하는 마음으로 나오면: 히 10:17
  하나님께서 우리의 죄의 수치를 없애주신다: 창 3:21
· 죄의 짐을 지고서 괴로워하던 심정에 평안과 쉼을 주신다: 마 11:28

3. 다른 방법은 없다

이 세상에는 수많은 종교들이 있고, 그 종교를 창시한 성인들이 있다.

그들은 우리의 죄와 죽음에서 구원하는 문제를 해결하기 위해 많은 말과 방향제시를 했지만 그 중 어느 누구도 우리의 죄를 대신 짊어지고 희생해준 사람은 없다. 오직 예수님만이 자신 있게 우리의 죄 문제에 대한 해결을 선포하셨다.

- 예수님의 이름 외에는 구원받을 수 있는 다른 사람을 주시지 않으셨다: 행 4:12
- 예수님만이 친히 우리를 위해 돌아가셨다: 벧전 2:24
- 예수님만이 우리를 구원하시기 위하여 세상에 오셨다: 막 10:45, 딤전 1:15
- 예수님만이 하나님께로 나갈 수 있는 유일한 길이다: 요 14:6

공부를 하시면서, 성령께서 내 마음속에 깨닫게 해주시는 죄, 지금까지 내 마음속에 숨겨놓고 회개하지 못한 죄, 나와 하나님만이 알고 있는 죄, 알고 지은 죄, 모르고 지은 죄 등등, 내 신앙생활 속에서 걸림이 되는 무거운 죄들을 종이에 다 기록하시면서 회개하고 사죄함을 받는 개인적인 축복의 시간이 있으시기 바랍니다. 성령충만을 받지 못하는 가장 큰 원인은 마음속이 비어있지 않고(겸손), 또한 그 마음이 깨끗하지 못하기 때문입니다. 회개의 역사가 있은 후에 성령의 충만함이 있습니다.

4. 인간의 개인구원: 하나님과의 〔   〕

인간의 구원은 하나님과의 영원한 관계 개선의 길이다. 구원받지 못한 영혼은 하나님과 영원히 관계를 맺을 수 없다.

가. 모두 구원받아야 한다—이 땅에서 하나님의 백성으로 살고, 영생을 천국에서 보내야 한다.
  (1) 구원에 대한 성경적인 정의는 무엇인가?

하나님의 명령을 어기고, 교만의 불순종의 죄를 지은 결과 우리 인간들은 영원히 지옥에서 멸망 받을 수밖에 없는 운명으로 태어났다. 그러므로 사람은 이 저주에서 구원을 받아야 하는 것이다.

- 멸망치 않고 영생을 얻는 것을 구원이라고 한다: 요 3:16
- 사망에서 생명으로 옮겨지는 상태를 구원이라고 한다: 요 5:24
- 죄의 모든 공포, 대가, 저주에서 해방을 얻는 것을 구원이라고 한다: 마 1:21

(2) 구원문제가 왜 그렇게 중요한가?

이 중대한 구원문제를 등한시하면 그 책임을 우리가 져야 하며, 비참한 결과를 초래하게 된다(히 2:3).

- 하나님이 가장 원하시는 뜻과 소원이 인류의 구원이시다: 요 6:40, 딤전 2:4
- 예수께서 세상에 오신 궁극적인 목적도 죄인의 구원문제이다: 눅 19:10
- 예수님의 마지막 유언의 말씀도 온 인류의 구원이시다: 행 1:8, 마 28:19, 눅 16:15
- 우리의 믿음의 최종적인 목적도 영혼이 구원받기 위함이다: 벧전 1:9

그러므로 우리는 모두 다 영혼의 구원의 확신을 가져야 한다. 영생에 대한 보장이 필요하며 이것이 가장 중요한 문제이다.

(3) 그 구원을 어떻게 얻을 수 있는가?

이 구원은 하나님께서 예수 그리스도를 통하여 그를 믿는 성도들에게 값없이 주시는 선물이다. 그러므로 우리는 그저 믿음으로 그리스도를 받아들이기만 하면 되는 것이다. 에베소서 2:8-9을 묵상하라.

- 구원을 얻으려면 거듭나야 한다: 요 3:3
- 거듭난다고 하는 말은 구체적으로 예수님을 마음속에 영접하는 것이다: 요 1:12
- 우리의 마음의 문을 열고 내 개인의 구세주로 모셔야 한다: 계 3:20
- 예수님을 진심으로, 스스로, 의지적으로 믿는 믿음을 가져야 한다: 행 16:31

즉, 누가복음 19장에 나오는 삭개오의 경우와 같이 예수님에 대하여 듣고, 그를 보고, 그가 어떤 분인가를 먼저 알아야 하며(지적요소), 그분과 함께 사귀며 대화를 나누는 가운데 그분을 체험해야 하며(정적, 체험적 요소), 내 자신이 스스로 마음의 결심을 하여 그분께 내 생애를 맡기고 그분을 믿기로 결심을 하는 결단의 과정(의지적 요소)을 거쳐야 비로소 구원받은 믿음을 소유하게 되는 것이다. 지정의가 균형 잡힌 건전한 믿음을 소유하는 것이 중요하다.

(4) 구원을 받았는지 어떻게 확신할 수 있는가?

구원은 우리의 감정이나 기분에 의해서 좌우되는 것이 아니고, 하나님의 말씀의 약속 위에 그 기초를 두고 있는 것이다. 하나님께서 천지를 말씀으로 창조하셨고, 그 말씀이 육신이 되어 우리 가운데 거하시고, 우리의 모든 신앙의 기초가 말씀에 근거하고 있으므로 기독교는 말씀의 종교이다.

· 이 말씀을 하신 하나님은 거짓말을 모르시는 분이시다: 히 6:18
· 이 말씀을 하신 하나님은 꼭 약속을 지키시며 실언하지 않으시는 분이시다: 민 23:19
· 이 말씀은 하나님께서 직접 성령을 통하여 우리에게 주신 것이다: 딤후 3:16

나. 하나님의 말씀이 [　　　　　]를 보장해 주신다.

하나님의 말씀에 근거하지 않고 개인의 경험이나 그럴 것이라는 추측으로는 우리가 구원받았다고 보장할 수 없다. 오로지 하나님의 말씀에 근거한 확신이라야 보장이 되는 것이다. 오직 하나님의 말씀이 우리의 구원의 확신에 대한 보장을 주시는 것이다.

· 예수를 믿는 자는 영생(구원)을 소유하고 있다: 요 3:16, 행 16:31
· 그리스도 안에 있는 자는 새로운 피조물이 되었다: 고후 5:17

- 그리스도 안에 있는 자에게는 정죄함이 없다: 롬 8:1
- 예수를 믿는 자는 이미 구원을 소유하였다: 요일 5:13
- 하나님 말씀을 믿고 예수를 믿는 자는 이미 구원을 받았다: 요 5:24
- 예수님께 찾아오는 자는 모두 마지막 날에 구원받는다: 요 6:44

다. 선택은 인간의 【   】에 맡기셨다

하나님께서는 우리 인간의 인격을 존중하셔서 자유의지를 주시고, 모든 것을 결정할 수 있는 선택의 자유권과 능력을 허락해주셨다. 아담과 하와는 그 주어진 자유권을 잘못 사용하여 저주를 받았다. 이제 하나님께서는 한 번 더 우리에게 이 자유권을 하나님의 뜻대로, 영생을 얻는 길로 사용하도록 성령을 통하여 권면하고 계신다. 그 결정권은 우리의 손에 달려 있다.

- 마음 문을 열고 예수님을 영접하든지, 아니면 못 들은 체 하고 마음 문을 굳게 잠근 채 예수님을 거절하든지 선택의 자유가 있다: 요 1:12, 계 3:20
- 오늘 이 시간 주님을 믿고 구원을 받든지, 아니면 다음 기회로 연기하고 미루다가 영원히 구원을 받지 못하든지 선택의 자유가 있다: 고후 6:2
- 들은 말씀대로 순진하게 믿고 구원을 받든지, 아니면 계속 이유와 변명과 핑계를 대면서 주님을 회피하든지 선택의 자유가 있다: 요 15:22
- 겸손히 순종하든지, 아니면 계속 옹고집으로 따지고 반항하고 딱딱한 마음으로 주님을 거절하든지 선택의 자유가 있다: 롬 2:5
- 세상의 부귀영화와 권력에 도취되어 주님의 초청의 음성에 무관심하거나 거절을 계속하든지, 아니면 정신차리고 그 부드러운 초청의 음성을 수락하여 구원을 받든지 선택의 자유가 있다: 마 11:28, 눅 14:18-19
- 어떤 결정을 하든지 그 결정에 대한 책임은 자신이 지고, 그 결과에 대한 원망을 하나님께 돌리지 말아야 한다: 잠 19:3

· 하나님께서는 당신 앞에 "영생의 길과 죽음의 길"을 제시하여 주셨다. 어느 쪽이든지 원하는 대로 선택을 하기 바란다: 신 11:26

구원의 확신을 위한 십계명

1. 하나님께 죄를 솔직하고 진실되게 자백하고 회개하라(요일 1:9).
2. 철저한 회개와 용서의 체험을 가지라(렘 31:34).
3. 죄의 형벌과 죄책감으로부터 평안함을 가지라(마 11:28).
4. 예수님만이 우리의 구주되심을 고백하고 간증하라(행 4:12, 요 14:6).
5. 교우들과 가까운 관계를 유지하라.
6. 항상 죄 문제를 해결하라(회개하라).
7. 죽음의 문제를 점검하라.
8. 하나님의 자녀됨을 간증하면서 기쁨으로 살라.
9. 죄인이었던 나를 자녀 삼으시고 일꾼 삼으심을 기뻐하고 감사하라.
10. 구원의 확신을 갖고 기쁨으로 살라.

제 2 과 구원에 대한 자신의 평가표

구원의 확신에 대한 문제를 솔직히 평가하여 나의 현재의 위치를 분명히 하고, 분명한 하나님의 자녀로서 오늘부터는 새로운 삶이 되도록 하십시오.

(%)

1. 나는 구원의 확신이 있다	20	40	60	80	100

2. 나의 대외관계도 측정

나와 하나님은 가깝다	20	40	60	80	100
나와 교우와는 가깝다	20	40	60	80	100
나와 이웃과는 가깝다	20	40	60	80	100

3. 나의 문제에 대한 해결

나의 죄 문제는 해결되었다	20	40	60	80	100
나의 죄 형벌은 해결되었다	20	40	60	80	100
나의 죽음의 문제는 해결되었다	20	40	60	80	100

4. 나는 예수님을 나의 구주로 영접하였다

예수님은 나의 구주이시다 (다른 사람의 구주가 아니라)	20	40	60	80	100

5. 나는 하나님의 자녀로 살고 있다

나는 하나님의 자녀로 자신 있게 살고 있다	20	40	60	80	100
나는 하나님의 자녀로 기쁨으로 살고 있다	20	40	60	80	100

다음 질문들에 대해서 솔직하게 답하십시오.

6. 오늘밤 주님께서 재림하시거나 나의 죽음으로 하나님 앞에 서게 되면 하나님 나라에 갈 수 있나?

7. 하나님께서 당신을 하나님나라에 들여보내 주신다면 왜 그러실까?

위의 두 가지 실문에 자신이 없으면 목사님을 찾아 뵙고 상담하기를 권합니다.

제3과

기도생활

- 기도의 정의
- 기도의 방법
- 기도의 종류
- 기도의 응답
- 기도생활의 실제

제3과 기도생활

훈련목표

기도는 숨을 쉬는 것과 같은 것이다. 기도하지 않으면 호흡이 끊기므로 죽은 신자가 되고 마는 것이다. 죽은 신자는 승리하는 삶을 살 수 없으며 기도의 응답도 얻지 못한다. 그러므로 신자는 기도생활에 충실해야 한다. 이 과에서는 기도란 무엇이며 어떻게 기도해야 하며 응답받는 기도가 무엇인지 배울 수 있다. 본서를 통해 항상 승리하는 삶을 사는 성도들이 되기 바란다.

기도는 육신의 〔　〕과 같은 것이어서 기도가 끊어진 성도는 생명(기력, 활력, 능력)이 없는 죽은 것과 같은 무능한 신자가 된다. 특히 청지기들은 기도생활에 충실하며 교인들에게 기도생활의 좋은 본이 되어야 하며, 기도로 주어진 사명을 잘 감당하여야 한다.

기도의 정의

1. 기도는 〔　　〕이다

우리 육체가 〔　〕으로 살아가는 것처럼 신자는 쉬지 않고 기도함으로 심령이 살게 된다. 호흡에는 내쉬는 날숨과 들이쉬는 들숨이 있다(살전 5:17).

2. 기도는 하나님과의 〔　〕이다

죄인인 내가 성부, 성자, 성령의 삼위일체와 서로 〔　〕를 나누는 것이 기도이다. 〔　〕는 〔　〕이 아니고 서로 의사를 주고받는 것인데,

하나님께서는 성경으로 우리에게 말씀하시고 우리는 하나님의 약속을 믿고 기도함으로 (   )가 이루어지는 것이다(빌 4:6-7, 시 65:2, 사 58:9).

· 우리의 기도의 대상자: 성부 하나님―시 141:1, 143:1
· 예수님의 이름으로 기도: 성자 예수님―요 14:13-14, 16:24
· 성령의 도우심으로 기도: 성령께서 기도를 도우심―롬 8:26

3. 기도는 신자들의 (   )이며 (   )이다

특권은 사용하면 할수록 내게 유익이 되고, 의무는 마땅히 성실하게 수행해야 하나님께 축복받는 생활을 할 수 있다.

· 성도의 특권: 마 5:7-8, 요 14:6-7, 약 1:5
· 성도의 의무: 삼상 12:23, 엡 6:18, 골 4:2, 살전 5:17

4. 기도로 신자는 (   )을 받고 시험을 이겨 (   )있는 그리스도인의 삶을 살 수 있다.

· 능력받는 길: 막 9:29

기도의 방법

기도는 하나님과 나와의 주고받는 (   )이므로, 인격 대 인격의 (   )이다. 따라서 어떠한 일정한 형식이 있는 것은 아니나, 말의 순서가 바뀌어 뒤죽박죽 되는 것은 피해야 하며, 기도하는 개인에 따라 그 내용과 형식이 달라질 수 있다. 그러나 일반적으로 기도 속에 포함되어야 할 중요한 요소들 몇 가지를 주기도문을 분석하여 소개하면 다음과 같다.

1. 기도의 [요소]

가. [　　　　](Adoration):
"하늘에 계신 우리 아버지여 이름이 거룩히 여김을 받으시오며"(마 6:9).
자기가 즐겨 쓰는 경배와 찬양의 표현들이 있다.

나. [　　　](Thanksgiving)
"하늘에서 이룬 것같이 땅에서도 이루어지이다"(욘 2:9, 마 6:10, 고후 9:15, 엡 5:20, 빌 4:6).

다. [　　　　](Confession)
"우리가 우리에게 죄지은 자를 사하여 준 것같이 우리 죄를 사하여 주옵시고"(마 6:12).

라. [　　　　](Supplication)
영을 위한 간구와 육을 위한 간구
- 영적간구: "우리를 시험에 들게 하지 마옵시고 다만 악에서 구하옵소서"(마 6:13).
- 육적간구: "우리에게 일용할 양식을 주옵시고"(마 6:11).

마. [　　　]의 이름으로 기도
기도를 반드시 예수님의 이름으로 간구함을 밝히고 끝을 내야 한다(요 16:24).

〈참고〉 사도행전을 영어로 ACTS라고 하는데 기도에 포함되어야 할 네 가지 요소의 첫 글자가 영어로 ACTS(Adoration, Confession, Thanksgiving or Total ubmission, and Supplication)가 된다. 암기하기 쉬운 방법이다.

2. 기도의 〔   〕

기도를 언제 하는 것이 가장 좋은가? 성경에는 기도를 꼭 언제 해야 한다는 시간적인 규정이 없다. 각자가 자기 형편에 가장 적합한 시간을 택하여 기도하면 된다. 이 말은 본인이 여러 가지 제약으로부터 가장 방해를 받지 않는 시간을 택하라는 뜻이다. 참고로 성경에 나타난 기도시간을 소개한다.

- 아침, 점심, 저녁에(시 55:17)
- 하루에 세 번씩(단 6:10)
- 새벽에(막 1:35)
- 밤에(철야)(눅 6:12)
- 쉬지 않고(살전 5:17)
- 항상(눅18:1, 엡 6:18)

3. 기도의 〔   〕

기도의 〔   〕는 성경에 제한되어 있지 않다. 각자의 형편에 따라서 가장 조용하고 방해받지 않는 장소를 택하여 기도하라. 참고로 성경에 나타난 기도의 장소를 소개한다.

- 성전에서(막 11:17)
- 산에서(막 6:46, 눅 6:12, 9:28)
- 다락방에서(행 1:13)
- 지붕 위에서(행 10:9)
- 강가에서(행 16:13)
- 골방에서(마 6:6)
- 해변에서(행 21:5)
- 옥중에서(행 16:25)
- 침상에서(시 63:6)
- 집에서(행 12:12)

어느 곳에서나 기도하여도 장소에 관계없이 하나님께서 들으신다.

4. 기도의 〔   〕

　전통적인 기도의 〔   〕는 무릎을 꿇고(겸손을 상징), 두 손을 모으고(간절함을 표시), 머리를 숙이고(존경의 표시), 눈을 감고(세상의 잡념을 다 잊고) 기도하는 것이다. 그러나 성경에는 일정한 기도의 자세를 규정지은 것이 없다. 형편에 따라 그리고 기도의 내용에 따라 우리의 몸 자세가 달라질 수 있다. 그러나 경건치 못한 자세는 금물이다. 참고로 성경에 기록된 기도의 자세를 소개한다.

- 무릎을 꿇고(눅 22:41)
- 서서(왕상 8:22, 마 6:5, 막 11:25)
- 엎드려, 머리를 땅에 대고(민 16:22, 수 5:14, 대상 21:16, 마 26:39)
- 손들고(딤전 2:8, 시 28:2)
- 앉아서(출 17:12)

5. 기도의 〔   〕

　기도에는 여러 가지 형태와 내용이 있다.

- 개인기도—개인을 위한 경건의 시간이 필요하고, 기도가 생활화되는 것이 중요하다. 영혼을 위한 호흡이므로 매일 기도해야 하는데, 이것은 개인기도로 이루어질 수 있다.
- 공중기도—대표기도로서, 기도는 설교가 아니다. 그러므로 회중을 대표해서 회중이 공감할 수 있는 내용으로 회중의 마음을 묶어 간결하게 기도를 드려야 한다. 또한 공중기도는 성경지식을 과시하거나 미사여구의 나열을 위한 시간이 아니다. 대표로서 공중기도를 할 때, 예배시간에 지장을 주거나 지루하지 않도록 너무 길게 기도하지 않아야 한다. 또한 너무 어려운 단어를 사용하거

나, 개인기도를 포함시키지 않아야 한다.
- 새벽기도—시 119:147, 막 1:35
- 금식기도—욜 2:12-13, 막 2:18
- 철야기도—눅 6:12
- 산기도—출 24:18, 마 14:23
- 합심기도—마 18:19, 행 1:14
- 통곡기도—히 5:7
- 안수기도—마 19:13, 막 16:18
- 마음의 기도(묵상기도)—삼상 1:12
- 방언기도—고전 14:14
- 대화식 기도(연쇄적으로 하는 기도)
- 연속기도—연하여 기도합니다.
- 중보의 기도—마 5:44, 눅 23:34, 요 17장

기도의 응답

하나님께서 정말 기도에 응답해 주시는가? 응답은 어떤 식으로 이루어지고, 어떻게 기도해야 응답이 속히 이루어지는가?

1. 기도응답의 〔   〕

가. 긍정적인 기도 응답—원하는 대로 주시는 응답: 왕상 18:36-38(YES: Green Light, 초록신호)

나. 부정적인 기도 응답—거절하시는 응답: 고후 12:7-9(NO: Red Light,

빨강신호)

다. 기다림의 기도응답―때가 될 때까지 기다리라는 응답: 창 12:21(WAIT: Yellow Light, 노랑신호)

보통 평범한 우리들에게는 기다리라는 응답이 제일 많이 있다. 하나님께서는 우리의 인내, 우리의 신앙, 충성, 순종 등을 분명히 보시기를 원하시며, 아직 하나님의 때가 되지 않았기 때문이다.

2. ( )받는 기도와 ( )받지 못하는 기도의 비교

우리의 기도가 응답을 받으려면 어떻게 기도해야 하는가?
- 믿음으로 드리는 기도―의심하는 기도는 응답이 없음: 마 21:22, 막 11:24, 약 1:6, 요일 5:15
- 예수 이름으로 드리는 기도―요 14:14, 16:24
- 간절히 드리는 기도―눅 11:5-8, 18:7, 22:44
- 죄가 없는 회개한 상태로 드리는 기도―죄가 있으면 응답이 없다: 시 66:18, 사 59:1-2, 마 5:23-24
- 순수한 동기로 드리는 기도―약 4:3
- 은밀하게 드리는 기도―마 6:6
- 하나님의 뜻을 구하는 기도―마 6:33, 26:39, 요 9:31, 요일 5:14
- 구체적으로 드리는 기도―마 7:7, 눅 11:5
- 쉬지 않고 드리는 기도―끈기 있는 기도: 삼상 12:23, 눅 18:1-8, 엡 6:18, 살전 5:17
- 금식하며 드리는 기도―시 109:24, 마 6:16

- 겸손한 자세로 드리는 기도—마 6:5, 눅 18:10-21
- 남을 위하여 드리는 중보의 기도—마 5:44, 약 5:16
- 감사하며 드리는 기도—빌 4:6-8
- 중언부언하지 않는 기도—마 6:7
- 외식 없이 드리는 기도—마 6:5
- 말씀에 의지하여 드리는 기도—요 15:7

기도생활의 실제

1. 예수님의 〔   〕의 본

예수님께서 우리에게 기도를 명령하신 것은 이미 먼저 다 실천하셨다. 예수님의 기도의 특징은 아무리 바쁘셔도 기도생활을 계속하셨고, 특히 무슨 일이든지 하시기 전에 기도로 준비하고 시작하셨다는 것이다. 우리도 이 본을 배워야 한다.

- 새벽기도(막 1:35)—타 지역으로 전도여행을 떠나시기 전에 기도로 준비
- 철야기도(눅 6:12)—12제자를 택하시기 전에 기도로 준비
- 금식기도(마 4:1-2)—공생애(전도사업)를 시작하시기 전에 기도로 준비
- 특별기도(눅 22:41-44)—십자가를 지시기 전에 기도로 준비

2. 성경의 위대한 〔   〕

성경에서 하나님께서 크게 쓰신 인물들은 예외 없이 모두 다 기도의 용사들이었음을 명심해야 할 것이다.

- 야곱의 기도—개인을 위한 기도, 끈기 있는 기도, 도중에 포기하지 않고 응답

받을 때까지 매달리는 기도: 창 32:24-32
- 아브라함의 기도—남을 위한 중보의 기도: 창 18:20-33
- 엘리야의 기도—믿음의 기도, 하나님의 영광을 위한 기도: 왕상 18장
- 다윗의 기도—회개의 기도, 겸손의 기도: 삼하 12:16-23
- 다니엘, 에스더의 기도—조국을 위한 애국의 기도: 단 6:10, 에 4:16
- 예수님의 기도—하나님의 뜻대로 하는 기도: 막 14:36

3. 기도생활의 (실천사항)

기도는 공부하는 것으로 이루어지는 것이 아니라 직접 실천해야 이루어진다. 오늘부터 우리의 기도생활에 변화가 있어야 하고, 매일매일 철저하게 기도생활을 실천해야 한다. 다음 사항을 실천하도록 권고한다.

가. 가장 방해가 적은 시간을 정하고 그 시간에 정기적으로 기도하자.

나. 가장 방해가 적은 장소를 정하고, 그 장소에서 정기적으로 기도하자.

다. 가장 중요한 기도제목을 곁에놓고 응답 받을 때까지 성시석으로 기도하자.

라. 하루에 최소한 10분씩 하나님과 조용한 대화(기도) 시간을 갖도록 하자.
- 그 중에 7분은 남을 위하여 기도하고, 남은 3분은 자기를 위해서
- 7분 중에서 1분을 꼭 담임목사를 위하여, 교역자와 장로들을 위하여 기도하자.

마. 오늘부터 실천하자. 어떤 일이 있어도 하루 생활 중에서 기도에 최우선권을 주고 실천하자.

기도생활을 위한 십계명

1. 정기적으로 쉬지 말고 기도하라.
2. 감사함으로 기도하라.
3. 믿음으로 기도하라.
4. 기도의 응답을 확신하라.
5. 은밀하게 기도하라.
6. 중언부언하지 말라.
7. 의심하지 말고 기도하라.
8. 예수 이름으로 기도하라.
9. 중보의 기도를 하라.
10. 사명을 기도로 감당하라.

제 3 과 기도생활에 대한 자신의 평가표

자신의 기도생활에 대한 평가를 솔직하게 해보고 오늘부터 기도생활을 개선하십시오.

1. 정기적인 기도생활 (%)

가. 새벽기도회 출석	20	40	60	80	100
나. 수요기도회 출석	20	40	60	80	100
다. 금요 철야/심야기도회 출석	20	40	60	80	100
라. 특별기도회	20	40	60	80	100

2. 기도의 자세

가. 믿음으로 기도한다	20	40	60	80	100
나. 다른 사람을 위해서 중보기도한다					
(1) 국가와 민족을 위해서	20	40	60	80	100
(2) 세계선교를 위해서/선교사들을 위한 기도 포함	20	40	60	80	100
(3) 교회를 위해서/교회의 각 기관, 각 구역 등등	20	40	60	80	100
(4) 교역자를 위해서/영적 능력, 사역, 가정 등등	20	40	60	80	100
(5) 가정과 친척의 구원과 영적승리를 위해	20	40	60	80	100
다. 포기하지 않는 기도생활을 한다	20	40	60	80	100
라. 개인기도시간을 갖고 있다	20	40	60	80	100
마. 정기적으로 혹은 비정기적으로 금식기도한다	20	40	60	80	100
바. 공중기도생활					
(1) 각종 대표기도는 준비하고 한다.	20	40	60	80	100
(2) 대표기도에 대한 공포가 없다.	20	40	60	80	100
(3) 다른 분야 기도할 때 열심히 따라간다 (졸거나 다른 생각하지 않고)	20	40	60	80	100

사. 대표기도

(1) 중언부언하지 않는다   20   40   60   80   100
(2) 미사여구에 신경쓰지 않는다   20   40   60   80   100
(3) 장황하게 길게 기도하지 않는다 20   40   60   80   100

3. 기도응답체험

가. 기도시간은 정해져 있다   20   40   60   80   100
나. 기도장소는 정해져 있다   20   40   60   80   100
다. 기도를: 오래한다( ) 할말이 없어 짧게 한다( ) 중언부언 오래한다( )

나의 지금까지의 기도생활에 대한 반성과 앞으로의 결심을 하나님 앞에 기도하면서 기록하여 보시기 바랍니다.

제4과

말씀 읽는 생활

· 성경에 대한 이해
· 성경의 구분
· 성경의 유익성
· 성경에 대한 청지기의 자세

제4과 말씀 읽는 생활

훈련목표

성도는 말씀의 양식을 먹어야 살 수 있다. 음식을 먹지 않으면 영양실조에 걸리거나 심하면 죽음의 단계에까지 이른다. 마찬가지로 영적 양식을 먹지 않으면 건강을 유지할 수 없다. 이 과에서는 성도의 영적 양식인 성경은 무엇이며, 어떻게 해야 영적 양식을 잘 섭취할 수 있는지 공부하고자 한다. 본서를 통해 성경에 대한 이해가 깊어지기 바란다.

기도는 성도의 [   ]이요, 전도는 성도의 [   ]이요, 말씀은 성도의 [   ]이다. 말씀을 전혀 먹지 못하여 영양실조에 걸린 신자 또는 아사 직전에 있는 신자도 많이 있다. 기도가 없는 신자는 능력을 얻을 수가 없고, 전도가 없는 신자는 하나님을 기쁘시게 해드릴 수가 없으며, 말씀을 읽지 않는 신자는 영적 건강을 유지할 수가 없다.

1. 성경에 대한 이해

가. 하나님의 [   ]

성경은 우리 인간들을 향한 하나님의 사랑과 뜻, 인간의 기원과 운명, 그리고 구원에 관한 하나님의 계시이다. 자동차를 만들 때 운행지침서를 함께 만드는 것처럼, 하나님께서는 인간을 창조하시면서 우리 인간에게 '인생원칙, 생활세칙, 구원(수리)세칙' 등을 '성경'을 통하여 주셨다(딤후 3:15-17). 하나님께서 사용하시는 계시의 수단으로는 성경 외에 자연(롬 1:18-21, 시 19장), 섭리(롬 8:28), 우주의 보존(골 1:17), 이적(행 22:17-21), 그리스도(요 1:14) 등이 있다. 계시에는 일반(자연)계시와 특별계시가 있는데, 특별계시는 성경과 말씀이 육신이 되신 그리스도이시다.

나. 하나님의 〔   〕

디모데후서 3:16에 보면, "모든 성경은 하나님의 감동으로 된 것으로"라고 기록하고 있다. 이는 성경은 하나님의 영감으로 기록되었다는 뜻이다. '영감'이란 하나님께서 인간을 감독하여 인간의 개성을 사용함으로 하나님의 계시를 성경원본의 말씀 속에 오류 없이 작성하고 기록하도록 하시는 것이다. 하나님의 영감에 대해서는 여러 가지 다른 견해들이 있다.

(1) 자연적 영감론—초자연적 요소는 들어 있지 않으며, 천재적인 사람에 의해 쓰여졌다는 설
(2) 신비적 영감론(조명)—성경의 저자들은 오늘날의 기독교인들도 그렇게 될 수 있듯이 성령에 충만해서 기록했다는 설
(3) 기계적 영감론(받아쓰기)—성경의 저자들은 타자기처럼 하나님의 도구에 불과했다는 설
(4) 부분적 영감론—성경에서 인간의 이해를 초월한 부분만 영감되었다는 설
(5) 사상 영감론—단어가 아니라 사상이 영감되었다는 설
(6) 축자적 완전 영감론—바로 단어단어(축자)가, 그것도 그 모두(완전)가 위에서 내린 정의대로 영감되었다는 설

다. 하나님의 〔   〕

성경말씀은 분명한 〔   〕을 가지고 씌어진 하나님의 〔   〕이다.
· 예수님의 신성과 인류의 구세주되심을 증명하기 위하여: 요 5:39, 20:31
· 인류에게 소망을 주시기 위하여: 롬 15:4

- 우리에게 경종(경고)을 주시기 위하여: 고전 10:11
- 영생에 대한 지식을 전해주시기 위하여(구원받은 사실을 알려주기 위하여): 요일 5:13
- 구원에 이르는 지혜를 얻게 하기 위하여: 딤후 3:15
- 우리의 생활과 신앙의 기준을 삼기 위하여: 사 8:20

라. BIBLE

성경을 영어로 Bible이라고 부르며, 그 철자 5개가 각각 성경이 어떤 책이며 또한 왜 우리 인간들이 꼭 읽어야 하는가를 쉽게 설명하여 주고 있다.

B: BOOK OF BOOKS—성경은 〔   〕이다.

명작, 걸작, 유명한 책 중에서 성경을 한 구절도 인용하지 않은 책은 거의 없다고 해도 과언이 아니다. 제일 많이 인용되는 책이 바로 성경이다.

I: INSPIRED BOOK—영감으로 쓰여진 하나님의 말씀

- 딤후 3:16—모든 성경은 〔   〕으로 된 것으로
- 렘 36:2—나의 네게 이른 모든 말을 그것에 기록하라
- 벧후 1:21—예언(성경)은 〔   〕을 입은 사람들이 하나님께 받아 밀한 깃이다.

〈참고〉 겔 1:3, 행 1:16, 계 14:13

B: BEST SELLER BOOK—2,000년 동안 가장 많이 팔린 베스트셀러이다.

성경은 전권 또는 그 일부가 현재 거의 1,700여종의 국어와 방언으로 번역이 되어 전세계적으로 읽혀지고 있으며, 연 10억 권 이상 출판되어 배부되고 있다.

L: LIVING BOOK—살아서 역사하는 ( )있는 책
- 히 4:12—"하나님의 말씀은 살았고 운동력이 있어 좌우에 날선 어떤 검보다도 예리하여"(예리한 칼과 같은 말씀).
- 렘 5:14—"내가 네 입에 있는 나의 말로 불이 되게 하고……그 불이 그들을 사르리라"(태우는 불과 같은 말씀).
- 렘 23:29—"내 말이……반석을 쳐서 부스러뜨리는 방망이 같지 아니하냐."
- 겔 37:7-10—생명을 주시는 말씀
- 롬 1:16—구원을 주시는 말씀
- 엡 6:17—검과 같은 말씀, 사탄을 대항하는 무기의 말씀

E: ETERNAL BOOK—영원히 존재하는 책
- 마 5:18, 24:35—"천지가 없어지기 전에는 율법의 일점일획이라도 반드시 없어지지 아니하고 다 이루리라."
- 벧전 1:25—"오직 주의 말씀은 세세토록 있도다."
- 사 40:8, 시 119:89—"주의 말씀이 영원히 하늘에 굳게 섰사오며."

이렇게 귀한 책이므로 정상적인 지식인은 꼭 한 번씩 읽어보아야 한다. 죄인들은 모두 이 책을 읽어야 한다. 성도들은 꼭 성경을 읽어야 한다.

2. 성경의 구분

가. 구약, 신약, 중간사

성경의 구분에 대해서는 학자마다 다른 견해를 갖고 있으나, 가장 일반적이고 보편적인 분류는 다음과 같다. 구약은 히브리어로 기록되었고 신약은 헬라어로 기록되었으며, 신약은 구약 속에 포함되며 구약은 신약에 의해 설명되어지는 불가분의 관계를 갖고 있다. 신약 성경은 십자가에서 이루신 그리스도의 구속에 기초하고 있으며, 구

약은 십자가의 그리스도의 희생을 바라보고 있다. 그러므로 성경 (신·구약)의 주제는 인류의 구원이며, 주인공은 예수 그리스도이다. 구약과 신약 사이에는 약 400년의 사이가 있다.

나. 성경분류

구 분		권수	성 경
구 약	율법서(모세오경)	5	창세기, 출애굽기, 레위기, 민수기, 신명기
	역사서	12	여호수아, 사사기, 룻기, 사무엘상, 사무엘하, 열왕기상, 열왕기하, 역대상, 역대하, 에스라, 느헤미야, 에스더
	시가서	5	욥기, 시편, 잠언, 전도서, 아가서
	선지서 (17권) 대선지서	5	이사야, 예레미야, 예레미야애가, 에스겔, 다니엘
	소선지서	12	호세아, 요엘, 아모스, 오바댜, 요나, 미가, 나훔, 하박국, 스바냐, 학개, 스가랴, 말라기
신 약	복음서 (공관복음)	4 (3)	마태복음, 마가복음, 누가복음, 요한복음 (마태, 마가, 누가)
	역사서	1	사도행전
	서신 바울서신	13	로마서, 고린도전서, 고린도후서, 갈라디아서, 에베소서, 빌립보서, 골로새서, 데살로니가전서, 데살로니가후서, 디모데전서, 디모데후서, 디도서, 빌레몬서
	공동서신	8	히브리서, 야고보서, 베드로전서, 베드로후서, 요한일서, 요한이서, 요한삼서, 유다서
	예언서	1	요한계시록

3. 성경의 ( )

가. 믿음으로 인도하여 구원을 얻게 한다: 딤후 3:15

나. 우리의 잘못을 깨닫도록 교훈하며, 책망하며, 교육을 해준다: 딤후 3:16

다. 모든 선한 일을 하기에 온전하게 만들어 준다: 딤후 3:17

라. 우리 마음속의 깊은 생각까지도 파헤쳐 낸다: 히 4:12

마. 우리의 영혼이 성장하며 건강하게 되는 양식이 된다: 벧전 2:2, 욥 23:12, 시 119:103, 렘 15:16, 신 8:9

바. 우리의 길을 비춰준다: 시 119:105

사. 우리의 행실을 깨끗하게 지킬 수 있게 힘을 준다: 시 119:9

아. 우리가 범죄하지 않도록 속에서 역사하여 준다: 시 119:11

자. 그 말씀을 듣고 지키는 자에게는 복이 있다: 눅 11:28

차. 생활을 성결하게 만들어 준다: 요 15:3, 17:17, 엡 5:26

카. 믿는 자들 속에서 역사한다: 살전 2:13

타. 우리에게 소망을 준다: 롬 15:4

4. 성경에 대한 청지기의 ( )

가. 성경을 ( ) 믿어야 한다.
성경은 하나님의 말씀이므로 하나님의 말씀에 자기의 생각이나 사상을 더하거나, 자기의 의견과 다르다 하여 빼는 일이 있어서는 절대로 안 되며, 말씀대로 믿어야 한다.

(1) 신 4:2—하나님 말씀에 가감하지 말라(신 12:32 참고).
(2) 잠 30:6—너는 그 말씀에 더하지 말라. 그가 너를 책망하시리라.
(3) 계 22:19—하나님 말씀에서 제하여 버리면 우리의 이름을 생명책에서 제하여 버리실 것이다.

나. 성경은 [   ] 다루어야 한다.
 (1) 말씀을 읽어야 한다: 신 17:19, 딤전 4:13, 계 1:3
 (2) 말씀을 들어야 한다: 잠 4:20, 롬 10:14, 17
 (3) 말씀을 공부해야 한다: 스 7:10, 행 17:11
 (4) 말씀을 암송해야 한다: 골 3:16, 신 6:6, 잠 4:21, 시 119:11
 (5) 말씀을 묵상해야 한다: 시 1:2-3, 수 1:8
 (6) 말씀을 전해야 한다: 롬 10:13-15, 딤후 4:2
 (7) 말씀을 행해야 한다: 약 2:17, 마 7:24

다. 성경을 읽을 때 다음 사항을 주의하라.
 (1) 하나님의 말씀으로 믿고 긍정적인 자세로 읽어야 한다(살전 2:13).
 (2) 내게 직접 주시는 말씀으로 읽어야 한다(사 43:1).
 (3) 성령께 말씀 이해의 지혜를 달라고 기도하고 읽어야 한다(벧후 1:20).
 (4) 생선을 먹는 자세로 읽어야 한다. 즉 가시처럼 딱딱하고 소화할 수 없는 부분은 일단 제쳐놓고 그대로 이해할 수 있는 부분만 계속하여 읽고 또 반복하여 읽으라.
 (5) 잘 이해가 되지 않는 말씀은 목사님에게 묻거나 주석책을 참고하라.
 (6) 말씀을 읽으면서 다음 사항들을 찾아 기록하는 습관을 가지라.

· 내게 주시는 약속의 말씀들(영적생활, 육적생활에서 각각) :

· 내게 주시는 축복의 말씀들(영적생활, 육적생활에서 각각) :

· 내게 주시는 명령의 말씀들(영적생활, 육적생활에서 각각) :

(7) 말씀을 지식으로만 받아 교만하여지지 말고, 가슴으로 받아 심령과 생활에 변화를 받도록 해야 한다.

라. 청지기로서 다음 사항은 필히 실천하라(계 1:3을 중심하여).
(1) 하루에 규칙적으로 성경을 최소한 4장씩 읽으므로 1년에 성경을 한 번씩 다 읽자.
(2) 한 주에 성경 1구절씩 암송하여 1년에 50구절을 암송하자.

(3) 자기 성경을 꼭 구입하여 줄을 치면서 성경을 읽자.
(4) 교회 안에서 실시하는 성경공부에 열심히 참석하여 많이 배우자.
(5) 말씀을 매일 읽고, 듣고, 또한 그대로 실천하여 축복을 받자.

말씀 읽는 생활을 위한 십계명

1. 말씀을 그대로 믿으라―말씀은 하나님의 계시이다(딤전 3:16).
2. 말씀을 가감하지 말라(신 4:2, 계 22:19).
3. 말씀을 묵상하라(시 1:2-3).
4. 말씀을 낭송하라(골 3:16).
5. 말씀을 전하라(롬 10:13-15).
6. 말씀을 들으라(잠 4:20, 롬 10:14).
7. 말씀을 공부하라(계 1:3).
8. 말씀을 읽으라(딤전 4:13, 계 1:3).
9. 말씀을 지키라(약 2:17, 마 7:24).
10. 말씀을 내 속에서 역사하게 하라(살전 2:13).

제 4 과 말씀 읽는 생활에 대한 평가표

청지기로서 성경을 대하는 나의 자세에 대한 평가를 솔직하게 채점을 해봅시다.

나는 성경을 하나님의 계시로   　　　　 믿는다 (　) 안 믿는다 (　) 모르겠다 (　)
나는 성경을 하나님의 영감으로   　　　 믿는다 (　) 안 믿는다 (　) 모르겠다 (　)
나는 성경을 하나님의 말씀으로   　　　 믿는다 (　) 안 믿는다 (　) 모르겠다 (　)
나는 청지기로서 성경을 한 번은   　　　 읽어보았다 (　) 　　　아직 못 읽었다 (　)
나는 청지기로서 성경을 규칙적으로 매일　 읽고 있다 (　) 　　　못 읽고 있다 (　)
나는 청지기로서 성경구절을 외우고 있다　 많이 (　) 　　조금 (　) 　　전혀 없음 (　)
나는 청지기로서 성경공부에 참석하고 있다　열심히 (　) 　가끔 (　) 　　전혀 없음 (　)
나는 청지기로서 성경을 알고 있다   　　 많이 (　) 　　조금 (　) 　　전혀 없음 (　)

| 성경을 읽다가 어려운 점은 | 그냥 넘어간다 (　) 　다른 책을 찾아서 이해한다 (　)
　　　　　　　　　　　　　　　　교역자에게 문의한다 (　) 　　다음으로 미룬다 (　)

| 성경을 읽을 때 |　　　　　　내용만 알려고 한다 (　) 신학적인 문제까지 다룬다 (　)
　　　　　　　　　　　　　　이해하고 생활에 적용하려고 한다 (　)

내 개인 성경을 소유하고   　　　　 있다 (　) 　　　　 없다 (　)
내 성경에는 줄을 친 부분이   　　　 많다 (　) 　　　　 적다 (　)
나는 말씀대로 순종하며 살려고 노력   한다 (　) 　　　 하지 않는다 (　)

성경을 잘 이해하기 위해서 하시고자 하는 계획을 구체적으로 써 보세요.

성경을 읽을 때 중요하다고 생각하는 바를 아래에 적어 보세요.

제5과

교회생활

· 교회의 본질
· 교회의 종류―이중성
· 교회의 사명과 기능
· 교회와 성례

제5과 교회생활

훈련목표

교회는 구원받은 하나님의 자녀들이 모이는 집합체이다. 예수를 구세주로 영접한 자들은 교회에 와서 예배를 드리고 교육을 받고 전도를 하며 친교와 봉사를 나누어야 한다. 이렇게 소중한 공동체인 교회의 의의에 대해서 알아보도록 하고 교회생활을 더욱 잘 할 수 있는 방법을 이 과에서 알아보고자 한다.

하나님의 교회는 성경의 핵심부에 들어있는 존재이다. 예수께서 이 세상에 오셔서 죽으신 것은 우리를 구원하기 위함이다(엡 5:2). 하나님은 그리스도의 피를 흘려 그 값을 지불하시고 이 교회를 사셨으며(행 20:28) 또한 구속의 지혜를 교회를 통하여 알리셨다(엡 3:10). 개개인의 그리스도인이 하나님께서 주시는 은혜의 역사와 성장의 수단과 봉사의 기본 영역을 발견하게 되는 곳도 바로 교회이다(엡 4:11-16, 고전 12장). 그러므로 제직들은 교회가 무엇이며, 이 교회가 어떻게 발전하였으며, 이 교회의 사명과 활동이 무엇인가를 분명하게 알아야 할 것이다.

1. 교회의 본질

가. 에클레시아(ἐκκλησία): 부르심을 받은 〔   〕

건물은 교회가 모이는 장소이며, 예배는 교회의 영적 활동 중 하나이며, 조직은 교회를 보다 효과적으로 운영하기 위한 수단이다. 교회라는 말은 원어로 '에클레시아'라고 하며, 그 뜻은 '따로 부름을 받아 세워진 하나님의 언약의 백성'이라고 해석을 할 수 있다. 즉 교회는 예수 그리스도를 마음속에 개인의 구세주로 영접해 구원받은 하나님의 자녀들(신자들)의 집합체라고 볼 수 있다. 즉 우리 신자 개개인이 바로 교회의 구성원임을 강조하는 바이다.

나. 그리스도의 〔   〕: 교회와 성도(고린도전서 12장을 중심으로)
- 그리스도는 교회의 주인이시고 머리가 되신다: 3절
- 각 신자가 합하여 한 몸(교회)을 이루고 있다: 12절
- 한 성령으로(한 세례로) 우리는 한 몸의 지체가 되었다: 13절
- 각 신자는 하나님께서 뜻하시는 대로 필요한 장소에서 필요한 기능을 하도록 배치받았다: 15-18절
- 그러므로 각 지체는 머리되신 그리스도의 뜻에 순종하고, 그리스도의 몸을 세워야 한다: 19-20절
- 그러므로 각 신자(지체)는 다른 신자의 위치와 사명을 인정하고 존경하여야 한다: 21절
- 하나님께서는 오히려 보잘것없는 것처럼 보이는 부분을 더욱 귀하게 여기신다(인간이 보는 기준과 하나님께서 보시는 기준이 다르다): 22-24절
- 그러므로 신자들은 교회생활에서 서로 겸손하게 자기 자리를 지키며, 남의 영역을 범하지 말고, 교회의 화평과 화목과 단결을 지켜야 한다: 26절
- 신자들은 한 몸된 지체이므로 서로 뗄 수 없는 유대관계를 맺고 있다(즉 다른 신자의 기쁨이 내 기쁨이요, 다른 신자의 고통이 곧 내 고통이다): 26-27절
- 하나님께서는 각 지체(신자)들이 자기의 사명을 잘 수행하여 나가는 데 필요한 능력과 은사를 주신다. 그러나 그것은 하나님께서 보실 때에 당신의 결정과 뜻 그리고 각 개인의 형편에 따라 주시는 것으로, 우리는 불평을 해서는 안 되며 그저 받은 은사에 대해 감사하고 겸손하게 활용하여야 한다: 4-11절, 28절, 31절을 잘 읽고 참고하기 바람.

그러므로 은사를 받은 신자들은 은사를 받았다고 자랑하거나 교만

하거나 받지 못한 자들을 무시하지 말 것이며, 또한 받지 못한 자는 불평이나 열등의식을 가지거나 받은 자를 비난, 비평하는 일들이 없어야 한다. 그래야 온 몸이 되시는 그리스도의 영광을 높일 수 있으며, 그것을 위한 우리의 사명을 성실하게 수행하며, 다른 신자들과의 마찰을 피할 수 있을 것이다.

다. 교회의 〔   〕

진정한 교회의 탄생은 사도행전 2장에서 120명의 성도들이 기도하는 가운데 성령이 강림하면서부터 시작하였다고 보아야 한다. 그러므로 사도행전은 성령의 행전이며 또한 교회 탄생의 기록이다. 그 후에 이 복음의 말씀이 사도들, 특히 바울의 제3차에 걸친 전도여행을 통하여 온 아시아와 유럽에 전파되어 구원받은 신자들이 생기기 시작했는데 그들이 모여 예배하면서부터 교회가 세워지기 시작하였다(마 28:19-20, 행 1:8).

2. 교회의 종류—이중성

교회를 나누는 방법은 여러 가지가 있겠으나 대개의 경우 교회를 이중적인 본질로 나누어서 분류한다.

가. 〔   〕 교회와 〔   〕 교회

믿는 성도들이 일정한 장소에 모여 정기적으로 예배하는 지역교회를 가리키는 표현이다. 이 세상에는 가시적(눈으로 볼 수 있는)인 유형의 교회가 얼마든지 존재할 수 있다. 불가시적인 교회는 무형의 교회로서 눈으로 볼 수 없는 교회를 말하며, 모든 믿는 성도들의 총

집합체인 하나님의 백성 모두를 가리키는 말이다. 이 교회는 하나밖에는 존재할 수 없는 것이다.

나. (　　)과 (　　)

교회는 완전하신 그리스도를 머리로 하고 완전하지만, 불완전한 사람들을 지체로 하기 때문에 불완전한 이중적인 면을 가지고 있다.

다. (　　)과 (　　)

교회는 하나님의 기관으로서 계획과 조직, 순종과 희생 등의 신적인 면이 있는 반면 사람들이 있기에 인간의 한계점들이 교회 내에 있다. 이것은 교회의 인간성을 보여주는 것이다. 그러므로 교회는 하나님께 속해 있고, 또한 세상에 속해 있는 것이다.

라. (　　)과 (　　)

교회는 불가시적인 교회로서 우주적이며, 또한 가시적인 교회로서 지역적이다. 감리교회, 장로교회, 성결교회, 침례교회 등은 교파만을 의미하는 것이 아니라 보편적인 교회를 의미하고, 세상과 구분할 때 교회는 보편적이나, **교회, **교회 하면 지역적인 교회로서 각 지교회이며 지역성을 뜻하는 것이다.

3. 교회의 (　　)과 (　　)

교회의 (　　　　)을 크게 분류하여 4가지로 분석할 수 있는데, 마태복음 28:19-20의 예수님의 지상명령에 보면 잘 나타나 있다. 이것은 초대교회 모습에서 찾아볼 수 있다. 사도행전 2:37-47을 참고하기 바란다.

가. 〔   〕(하나님의 주권에 대한 찬양: Worship) -하늘과 땅의 권세를 내게 주셨으니-
성도들이 모여서 하나님께 예배드리는 것은 가장 중요한 사명과 기능 중의 하나이다. 그러므로 성도들은 하나님께 영광을 돌리는 예배를 드려야 한다. 초대교회에서 보면, 예배의 요소인 말씀(37절, 42절), 기도(42절), 세례(38절), 성령의 역사(38절), 구원의 역사(47절)와 찬양(47절)이 그곳에 있었음을 볼 수 있다.

나. 〔   〕(Education) - 모든 것을 가르쳐 지키게 하라 -
주님께서는 교회가 해야 할 일들 중에 "내가 너희에게 분부한 모든 것을 가르쳐 지키게 하라"라고 교회의 교육적 사명을 분명히 하셨다. 초대교회에서는 "저희가 사도의 가르침을 받아"(42절) 성도로서 세움을 받았으며, 현대에 와서는 교회의 교육적 목회가 중요시되고 있다.

다. 〔   〕(Evangelism & Mission) - 너희는 가서 모든 족속으로 제자를 삼아 세례를 주고 -
말씀을 전파하며 성도들 간에 서로 어려움을 같이 나누며, 주께 헌신 봉사하는 생활이 또한 교회의 중요한 사명과 기능 중에 하나이다. 이러한 봉사와 헌신은 성령이 인도하는 대로 이뤄지는, 마음에서 우러나오는 진실된 봉사와 헌신이 되어야 한다. 초대교회는 성도들 간의 상부상조와 유무상통(44절), 전도(38절), 봉사와 희생적인 자세로(40절) 몸된 교회와 성도를 돌보았다.

라. 〔   〕 (Fellowship & Stewardship)

성도들이 모여서 사랑의 친교, 믿음의 친교를 갖는 것이 교회의 큰 사명 중에 하나이다. 그리스도를 중심으로 하는 참된 친교가 교회 안에 이루어져야 한다. 초대교회는 서로 교제하며 떡을 떼며(42절), 날마다 마음을 같이하여 성전에 모여(46절) 참된 친교를 가졌다.

교회와 성례

천주교와는 달리 개신교에서는 주께서 교회에서 실행하라고 하신 성례 두 가지를 실천하고 있다.

가. [   ]
　　[   ]은 마태복음 28:19에 나와 있는 대로 주님의 명령이다.
(1) 세례의 성서적인 의의
　　그리스도와 함께 십자가에 못박혀 죽고 그리스도와 함께 완전히 장사되었다가(롬 6:3—옛것은 없어지고) 다시 그리스도와 함께 새로운 생명으로 부활함을 상징(골 2:12)한다. 세례를 통하여 우리가 예수님과 한 몸이 되며(고전 12:13), 세례를 받음으로 그리스도를 옷 입는(갈 3:27) 것이다. 세례는 또한 우리가 구원받은 표이며 하나님을 향하여 찾아가는 것(벧전 3:21)이다.
(2) 세례의 필요성(세례는 꼭 받아야 하는가?)
　　· 예수님의 명령이기 때문에 순종해야 한다: 마 28:19, 막 16:16
　　· 예수님께서 친히 본을 보이시고 세례를 받으셨으므로 받아야 한다: 마 3:13-15
(3) 세례를 받을 수 있는 성서적인 자격
　　· 죄를 회개한 자: 행 2:38

· 주를 진정으로 믿는 자: 행 8:12-13, 16:31

· 구원의 확신이 있는 자: 행 8:19

세례를 받음으로 구원을 얻는 것이 아니라, 구원을 받은 하나님의 자녀들이 주 안에서 새 사람되어 새 생명을 얻었음을 세상에 자랑스럽게 공포하는 일종의 예식이다.

· 마음 문을 열고 주를 영접하는 자: 행 16:14-15, 계 3:20

· 말씀을 듣고 말씀을 믿는 자: 행 18:8

(4) 세례예식의 방법

현재 개신교에서 실시하고 있는 세례예식에는 두 가지 방법이 있다. 즉 머리에 물을 뿌리는 세례와 물 속에 잠겼다가 나오는 침례가 그것이다. 성경의 원어인 헬라어 뱁티조($\beta\alpha\pi\tau i\zeta\omega$)를 세례로 번역하느냐, 침례로 번역하느냐의 문제가 있다. 물에 잠긴다는 의미가 강한 침례라는 단어도 사실은 적합한 표현이 아니다. 그래서 영어는 헬라어를 영어로 만들어서 그대로 사용한다. 그러므로 세례든지 침례든지 의식이 중요한 것이 아니라, 그리스도와 함께 죽고, 함께 새로운 생명으로 부활하는 내용이 더욱 중요하다(롬 6:3-11, 골 2:12).

· '세례'라는 말의 원어의 뜻은 "물에 담근다, 잠근다, 침몰시킨다"인데 이는 사람을 물 속에 깊이 잠그는 것을 말하는 것이다.

· 세례요한이 준 세례는 침례였다: 요 3:23

· 사도들도(초대교회도) 침례를 실시하였다: 행 8:38-39

그러므로 집사직은 구원의 확신을 가진 자로서 세례를 받고 하나님의 명령에 순종하며 성도의 생활을 모범적으로 성실하게 잘한 사람에게 주어져야 마땅하다(롬 6:3-11, 골 2:12).

나. 〖   〗

성경에서는 성찬에 대한 이름을 몇 가지로 사용하고 있다: 주의 만찬(고전 11:20), 떡을 뗀다(행 2:42, 46), 참예(Communion—행 10:16)

(1) 성찬의 성서적 의의—성찬은 삼중적인 의미를 내포하고 있다.

  (A) 〖   〗이다: 고전 11:24-26—우리는 이 성찬을 통하여 우리의 죄를 대속하시기 위하여 십자가에서 돌아가신 주님을 돌아보게 된다. 즉 성찬은 과거적인 요소를 내포하고 있으며, 2,000년 전의 십자가의 예수님을 생각하게 만든다(십자가의 주님).

  (B) 〖   〗이다: 고전 11:23-24—현재에 살아 계셔서 우리 속에서 역사하시는 부활의 주님과 영적 교제를 나누는 의식이다. 부활하셔서 살아 계신 주님을 생각하게 해주는 현재적인 시간적 요소를 내포하고 있다(지금 계신 주님).

  (C) 〖   〗이다: 고전 11:26—이 의식을 통하여 우리 성도들은 앞으로 장차 재림하실 예수를 대망하는 소망을 되새기게 된다. 성찬은 미래적인 시간의 요소를 내포하고 있으며 앞으로 재림하실 예수님에 대한 소망과 준비하는 자세를 갖게 한다(재림의 주님).

(2) 성찬의 필요성—왜 우리는 성찬예식을 행해야 하는가?

이는 우리 주님께서 친히 세우신 성례이며, 또한 주님께서 우리 성도들에게 당신의 재림 때까지 꼭 지키라고 명령을 하셨기 때문에 순종함이 마땅하다(눅 22:19, 고전 11:26).

(3) 성찬에 쓰이는 성물—고전 11:24-25

· 떡(빵): 예수께서 우리 죄를 위하여 대신 깨뜨려 주신 십자가상의 예수님의 성체(육체)를 상징하는 것임(못과 창과 가시관으로 그 살이 찢기심).

· 잔(포도즙, 붉은 색의 액체): 십자가상에서 예수님께서 흘리신 그 보혈을 상징하는 것으로 흔히 붉은 색의 포도즙을 사용한다.

(4) 성찬에 참여할 수 있는 자격

성찬은 예수 그리스도를 마음속에 자기의 구세주로 영접한 구원받은 성도만이 참예할 수 있는 특권이다. 즉 아무나 참예하면 안 된다. 흔히 한국에서는 세례받은 교인으로 그 자격을 제한하고 있다. 그러나 엄격하게 말하면, 세례를 받지 않았을지라도 분명히 구원의 확신이 있는 하나님의 자녀라면 누구든지 성찬에 참여할 수 있다.

(5) 성찬에 대한 여러 가지 다른 교리의 해석들

· 천주교: 화체설(성변화설)—성례를 행하는 그 순간에 그 떡과 포도즙(성물)이 실제로 예수님의 살과 피로 변한다는 설.

· 루터교: 성체공존설—그 성물들이 그 물체 그대로 있기는 하지만 성찬에 참예하는 자들은 실제로 예수의 살과 피를 먹게 된다는 설.

· 기독교: (   ), (   ), (   )(칼빈)—그 성물이 예수님의 살과 피를 우리에게 상징적으로 증명하여 주는 것이며 영적으로 우리가 주의 피와 살에 동참하는 것이라는 설.

교회생활을 위한 십계명

1. 주일을 기억하여 거룩히 지키라.
2. 모든 예배에 출석하는 것을 가장 최우선으로 여기라.
3. 성찬식에 참여하기 위하여 기도하라.
4. 교회교육에 앞장서서 참여하라.
5. 전도와 선교에 대하여 모든 이의 본이 되라.
6. 선교비를 열심히 지원하라.
7. 모든 교우를 형제와 자매로 여기라.
8. 다른 교우들의 어려움에 대해 눈감지 말라.
9. 신앙이 약한 이를 돌보라.
10. 나의 가정을 모든 교우들에게 열려있는 가정으로 만들라.

교회생활을 바르게 하기 위해 다음 사항을 꼭 실천하도록 하자.

1. 주일을 거룩하게 지켜라(주일성수).
2. 십일조를 온전히 바쳐라(십일조생활).
3. 성경을 부지런히 읽어라(성경통독).
4. 전도를 열심히 하라.
5. 맡은 직분을 충성스럽게 봉사하라.
6. 신앙생활을 적극적으로 하라.
7. 주님을 기쁨으로 찬양하라.
8. 성령을 의지하여 사명을 감당하라.
9. 쉬지 말고 기도하며 합심기도를 힘쓰라.
10. 사랑으로 감사충만의 기도에 힘쓰라.

제 5 과 교회생활에 대한 자신의 평가표

교회생활에 대한 자신의 평가를 솔직하게 해 보고 오늘부터 교회생활을 개선하십시오.

1. 예배생활 및 예식
(%)

나는 예배를 나의 신앙생활의 최우선으로 하고 있는가?	20	40	60	80	100
나는 모든 예배를 열심히 출석하고 있는가?					
가. 주일 대예배	20	40	60	80	100
나. 주일 오후/저녁예배	20	40	60	80	100
다. 삼일기도회(수요예배)	20	40	60	80	100
라. 금요심야/철야기도회	20	40	60	80	100
마. 구역예배	20	40	60	80	100
바. 새벽기도회	20	40	60	80	100

나는 모든 성찬예식에 기도하며 참여하는가?   아니오, 예(1주 전부터, 2-3일간, 하루만)

2. 전도, 선교 및 교육

나는 교회교육에 열심히 참석하고 있는가?	20	40	60	80	100
나는 전도와 선교에 열심히 동참하는가?	20	40	60	80	100

전도와 선교에 대한 기도   아니오, 예(가끔, 매일, 특정인/지역이 있다)
선교비 지원(헌금과 구분)   아니오, 예(가끔, 매일, 특정인/지역을 위해)

3. 친교 및 봉사

나는 교인들과의 친교에 열심히 참여하는가	20	40	60	80	100

내가 모르는 교우는 몇 분이나 되나?	20	40	60	80	100
나를 모르는 교우는 몇 분이나 되나?	20	40	60	80	100
가장 생활이 어려운 교우를 위해서 기도하고 봉사하는가?	20	40	60	80	100
어려운 문제에 빠진 교우를 위해 기도하고 교제하는가?	20	40	60	80	100
신앙이 약한 교우를 위해 나의 신앙을 나누었는가?	20	40	60	80	100
나의 가정은 교우나 이웃에 얼마나 열려 있는가?	20	40	60	80	100

제6과

전도생활

· 전도의 정의
· 전도의 중요성
· 전도의 준비
· 전도의 실천
· 전도자에 대한
  상급과 경고

제6과 전도생활

훈련목표

예수님의 삶을 가리켜 전도자의 삶이라고 해도 과언이 아니다. 예수님은 공생애 3년 동안 하나님의 나라를 전파하고 다니셨다. 그리고 승천하시면서 우리들에게 전도할 것을 부탁하셨다. 우리는 하나님에 관한 기쁜 소식을 전해야 할 의무가 있는 것이다. 이 과에서는 효과적으로 전도하는 방법과 전도자가 받을 상급에 대해 소개하고자 한다. 본 과를 통해 전도에 대한 깊은 이해와 결단이 있기를 바란다.

1. 전도의 정의

교회로 사람들을 【   】과 불신자에게 【   】하여 【   】은 전혀 다른 내용이므로 혼돈해서는 안 된다. 전도는 예수 그리스도를 이미 믿고 하나님의 자녀 된 신자들이 믿지 않는 분들에게 예수 그리스도의 복음을 전하여 그들로 하여금 회개하여 예수님을 마음속에 개인의 【   】로 모셔들이고 【   】 그들도 【   】가 되게 만드는 일이다.

- 기쁜 소식을 전한다는 뜻이다: 막 1:15, 롬 10:13-15
- 복된 소식을 선포한다는 말이다(병고침도 복된 소식임): 마 4:23, 9:35
- 증인이 된다는 뜻이다: 행1:8
- 가르친다는 뜻이다: 행 20:20
- 제자를 삼는다는 말이다: 마 28:19

2. 전도의 중요성

예수께서 친히 전도하시고, 열두 제자와 칠십 성도들이 주님의 명령을 따라 직접 전도한 활동이 복음서에 나와 있다. 교회는 주님께서 명령하신 이 전도와 선교의 사명을 담당하는 전도, 선교공동체이다.

가. 〔   〕의 소원
　모든 사람들이 전도를 받아 구원을 얻는 것이 하나님의 소원이다:
　요 3:16, 17, 6:40, 딤전 2:4

나. 〔   〕의 목적
　예수께서 세상에 오신 목적이 전도이다: 눅 19:10, 막 10:45
　예수님의 마지막 유언의 말씀도 전도이다: 마 28:19, 막 16:15
　우리를 먼저 부르셔서 구원을 주신 목적도 전도이다: 요 15:16

다. 〔   〕의 궁극적 목적
　성령을 우리에게 충만하게 부어 주신 궁극적인 목적도 전도이다:
　행 1:8

라. 〔   〕의 부탁과 명령
　사도들의 간절한 호소요, 부탁이요, 명령이다: 딤후 4:2
　(1) 베드로의 부탁: 행 4:19-20, 벧전 2:9
　(2) 바울의 부탁: 롬 10:15, 딤후 4:5
　(3) 야고보의 부탁: 약 5:19-20
　(4) 요한의 부탁: 요 20:31

마. 사방에서 들려오는 음성
　지금 이 시간도 전도하라는 음성이 사방에서 신자들에게 들려오고 있다. 영의 귀를 열고, 채널을 하나님의 방송에 맞추면 다음의 4가지 음성이 들린다.
(1) 위에서 들리는 하나님의 명령: 막 16:15, 마 28:19, 행 1:8
(2) 땅(지옥)에서 들리는 죄인들의 간청: 눅 16:19-31(특히 27절)
(3) 밖에서 들리는 불신자의 호소: 행 16: 9-11(특히 9절)
(4) 내 속에서 들리는 신앙양심의 권면: 고전 9:16, 롬 1:14

전하는 자가 없으면 위의 모든 목적을 달성할 수 없기 때문에 내가 전도를 하여야 한다는 성서적인 결론이 내려지게 된다(롬 10:13-15).

하나님→ 말씀→ 전파자→ 들음→ 앎→ 믿음→ 구원→ 천국

(불신자가 하나님 말씀을 듣고 구원을 얻게 하기 위하여 내가 그 중간에서 예수님을 소개하는 소개자, 말씀을 전달하는 전달자, 곧 전도자의 사명을 해야 함).

3. 전도자의 준비

〔   〕는 절대로 경솔하게 전도하러 나가지 말라.

가. 진토사의 〔   〕
(1) 전도자 자신이 먼저 구원의 확신을 분명히 가져야 한다: 마 15:14, 딤후 1:12
(2) 말씀으로 무장하여야 한다(말씀을 공부한 후에): 고전 2:2, 롬 10:13-17
(3) 성령으로 무장하여야 한다(성령의 체험과 도우심을 입은 후에): 행 1:8, 고전 2:4

(4) 기도로 무장하여야 한다(준비기도 없이 전도 못함): 막 1:35-38

나. 전도할 때 꼭 소개하여야 할 기본적인 중요한 [   ]을 미리 다 암송하라.

- 롬 3:23—우리는 모두 죄인이다.
- 롬 6:23—죄의 값은 사망이다.
- 롬 5:8, 요 3:16—하나님은 죄는 미워하시나, 죄인인 우리는 극진히 사랑하신다.
- 딤전 2:4—하나님께서는 당신이 지금 구원받기를 원하시고 계시다.
- 막 10:45—예수께서 당신을 구원하여 주시기 위하여 이 세상에 오셨다.
- 사 1:18, 요일 1:9—당신이 아무리 무서운 죄를 지었을지라도 회개하면 다 눈과 같이 희게 용서하여 주신다고 약속을 하셨다.
- 히 9:27—인간은 모두 한 번은 반드시 죽고, 그 후에 하나님의 심판대 앞에 서게 된다.
- 엡 2:8-9—그런고로 예수를 믿음으로 죄 용서를 받고 구원을 받아야 한다. 세상의 선행이나, 금전이나, 공로를 가지고는 구원을 못 받는다.
- 계 3:20—누구든지 마음을 열고 예수님을 모시면 구원을 받는다. 우리가 강요할 수 없고 스스로 마음을 열어야 한다.
- 요 1:12—누구든지 예수님을 영접하면 하나님의 자녀가 되며, 자녀의 특권을 누린다.
- 요 3:16—누구든지 예수님을 믿으면 다 구원을 받는다: 중생의 체험 강조
- 고후 6:2—다음으로 연기하지 말고 지금 구원을 받아야 한다.
- 고후 5:17—구원받은 우리는 모두 다 새로운 피조물이요 하나님의 자녀가 된다.

이 외에도 여러 가지 중요한 구절을 많이 알고 준비해서 전도를 해야 한다.

다. 전도의 대상자

전도하기 전에 전도대상자를 미리 찾아야 한다. 사도행전 1:8에 전도의 대상 범위 및 그 순서를 분명하게 가르쳐 놓았다.

(1) 가장 가까운 사람부터 시작(예루살렘부터: 우리 가족부터 시작)
(2) 우리의 친척들에게(유다 지역과: 혈연적으로 관계되는 분들에게 먼저 전도)
(3) 우리의 이웃, 가까운 사람들에게, 친구들에게, 직장동료에게(사마리아에: 주위에서)

4. 전도의 실천

가. 전도의 표현방법: 전도는 여러 가지 표현방법으로 실천이 된다.
(1) 전파: 막 1:14-15, 딤후 4:2
(2) 예고: 겔 33:6 (경고)
(3) 가르침: 마 4:23, 9:35
(4) 증거, 증언: 행 1:8, 요 3:11
(5) 제자훈련: 마 28:19

나. 전도하는 방법(요한복음 4장에 기록된 예수님의 전도방법을 분석)

전도시에 어떻게 하는 것이 가장 효과적인가? 여러 가지 방법이 있겠으나 예수님의 사마리아 여인에 대한 전도방법을 살펴봄으로 오늘의 우리들의 방법을 찾고자 한다.

(1) 분명한 전도의 대상자를 먼저 기도하는 가운데 결정한다. 사마리아 여인을 정하심(4절)

(2) 전도의 기회를 만들어 먼저 찾아간다: 사마리아 수가성으로 일부러 지나가심(5절)

(3) 피전도자의 관심사로부터 대화를 이끌어간다: 물을 길러온 여인에게 물 좀 달라고 하여 대화를 시작하심(7절)

(4) 대화를 영적인 차원으로 자연스럽게 인도해야 한다: 영생수에 대한 설명(14절)

(5) 피전도자가 죄인임을 깨닫도록 인도한다: 네 남편을 불러오라고 하심(16절)

(6) 그 죄 문제의 해결방법으로 예수님을 소개해야 한다: 자신이 구세주이심을 밝히심(25절)

(7) 그 후에 일어날 결과는 성령께 기도로 맡기라. 계속해서 시간, 정력, 물질을 바쳐 그 영혼이 구원받고 성장하도록 기도로, 실제적으로 도와주는 것이 필요하다.

(8) 평소에 전도대상자에게 사랑과 친절로 좋은 인상을 심어주고 좋은 인간관계를 맺어두는 것이 중요하다.

다. 전도자의 【   】

전도할 때, 그 마음 자세가 바로 되지 않으면 부작용이 일어난다. 베드로전서 3:15에 전도 자세에 대한 충고의 말씀이 있다.

(1) 먼저 생활이 거룩하고 【   】이 되어야 한다. "그리스도를 주로 삼아 거룩하게 하고"라는 말과 실생활이 상치될 때 그 전도는 힘을 잃고 열매를 얻지 못한다.

(2) 항상 전도할 【   】을 자신 있게 【   】하고 있어야 한다. 체험과 기도로 준비하고 있어야 한다.

(3) 【   】로 전도를 하며 교만, 정죄, 비판, 무시, 논쟁, 강요, 의

무적인 자세를 절대로 가지지 말아야 한다.
  (4) 〔   〕으로 전도하라. 귀한 영혼을 다루는 일이므로 그 마음 자세가 경건하며 하나님 앞에 책임 있고 두려운 자세를 가지고 하여야 한다.
  (5) 성령께 모든 것을 온전히 〔   〕 〔   〕 순종하는 자세로 전도하라(행 1:8).

라. 전도의 내용
  전도할 때 균형잡힌 믿음을 갖도록 건전하게 전도해야 한다. 즉 너무 자신의 체험만 전하여 감정적인 면만 전하거나, 성경지식만을 전하거나, 도덕적인 가치만을 전하는 일이 없어야 한다. 지·정·의가 겸비된 바른 믿음을 갖도록 전해야 한다.
  (1) 지적으로 하나님, 예수님, 그리고 인간의 삼각관계를 분명히 알도록 전한다. 즉 인간은 죄인이지만, 하나님의 사랑과 예수님의 희생으로 구원의 길이 마련되었음을 설명한다.
  (2) 정적인 요소로서 하나님의 사랑을 체험하고 깨달을 수 있도록 성령의 역사를 전한다. 간증 중심의 설득력 있는 전도도 효과가 있다. 느끼고 깨닫는 체험의 요소를 설명한다.
  (3) 의지적인 요소로서 본인 자신이 스스로 결신을 하도록 인도 권면한다.

  지적인 요소만 강조하면 지식이 되며 비판적인 사람이 되고, 정적인 요소만 강조하면 미신이 되며 감정적인 사람이 되고, 의지적인 요소만 강조하면 수신도덕이 되며 인본주의가 된다. 이처럼 어느 한쪽 요소만 강조하면 신앙의 성질을 잃어버리게 된다.

5. 전도자에 대한 상급과 경고

가. 전도자가 받을 [   ]

로마서 10:15은 좋은 소식(복음)을 전하는 자들의 발이 아름답다고 했다.

(1) [   ]을 보장받음: 마 10:9-10
(2) [   ]한 보장받음: 딤후 2:10
(3) 모든 것을 백 배나 더 축복 받음: 막 10:29-30
(4) [   ]을 상급으로 받음: 딤후 4:8

나. 전도자의 사명을 다하지 못한 자들에게 주시는 경고

(1) 죽은 자의 영혼의 피 값을 네 손에서 찾으리라: 겔 33:1-12
(2) 전도에 게으른 자에게 화가 있을지어다: 고전 9:16
(3) 자신이 전도하지 못한 자가 지옥에서 고통당하는 모습을 보며 양심의 가책받음: 눅 16:19-31

전도 생활을 위한 십계명

1. 구원의 확신을 가지라(마 15:14, 딤후 1:12).
2. 말씀과 기도로 무장하라(막 1:35-38, 롬 10:13-17, 고전 2:2).
3. 성령을 힘입으라(행 1:8, 고전 2:4).
4. 영혼을 사랑하는 뜨거운 마음을 가지라(렘 20:9, 행 20:24).
5. 가까운 사람과 이웃부터 전도하라(행 1:8).
6. 전도대상자에게 생활의 본을 보이라(고전 10:32-11:1, 딤전 4:12).
7. 전도할 내용을 자신있게 준비하라(요 3:11, 행 4:29-31).
8. 전도의 기회를 만들어 먼저 찾아가라(요 4:4-7).
9. 두려운 자세와 경건한 마음으로 자신있게 전도하라(롬 1:16, 엡 6:17).
10. 전도의 결과는 성령님께 기도하고 맡기라(행 1:8, 요일 5:7).

제 6 과 전도생활에 대한 자신의 평가표

전도의 사명을 가진 청지기로서 다음 질문에 솔직하게 대답하심으로 자신의 전도 생활에 대한 채점과 아울러, 반성 및 결심의 시간을 가지시기 바랍니다.

1. 내 평생에 내가 전도하여 구원을 받고 지금까지 교회생활을 성실하게 잘 하고 있는 교인이 몇 명이나 되는가?

    _____ 명

2. 나는 지금 전도의 대상자를 결정하고 계속 기도하고 있는가?

가. 금년에 꼭 전도하고 싶은 사람은?

나. 내 가족 중에 아직도 구원받지 못한 사람이 있는가?

다. 내 가장 가까운 사람 중에서 아직 구원받지 못한 사람이 있는가?

라. 우리 교인들 중에서 출석은 하지만 구원의 확신이 없는 것으로 생각되는 분은 누구인가?

마. 가장 어려운 전도대상자가 누구인가? 그를 위해 계속해서 기도하고 있는가?

3. 전도할 때 걱정이 되는 점은?(자신이 있을수록 높은 숫자에 표하세요)

가. 신앙면: 내 신앙이 확립이 안 되어 있다.	20	40	60	80	100
나. 성격면: 왠지 쑥스럽고 움추려진다.	20	40	60	80	100
다. 용기면: 창피를 당하면 어쩌나?	20	40	60	80	100
라. 대인관계면: 남을 만나는 것이 싫다.	20	40	60	80	100
마. 생활면: 내 덕스럽지 못한 생활이 나를 움추리게 한다.	20	40	60	80	100

바. 성경지식면: 성경에 대해서 꼬치꼬치   20   40   60   80   100
캐물으면 어쩌나?

4. 전도하기 위해서 내게 제일 필요하다고 생각되는 점은?(순서대로 정리해보세요.)
· 성경지식 (   )   · 전도방법, 요령 (   )   · 기도 (   )
· 용기 (   )   · 생활의 본 (   )

5. 당신도 충성스러운 전도자가 될 수 있다고 믿습니까?
예(   )   아니오(   )   글쎄요(   )

6. 충성스러운 전도자가 되기 위한 당신의 결심을 간단히 써보세요.

제7과

축복 받는 생활

- 물질적인 축복
- 영적인 축복
- 가정 생활의 축복

제7과 축복 받는 생활

훈련목표

하나님의 일을 충성스럽게 감당하는 우리 청지기들은 최소한 세 가지 면에서 축복 받을 수 있다. 이 과에서는 그 축복 받는 비결을 성경적으로 살펴보고자 한다.

주의 몸된 교회를 위하여 헌신적으로 봉사하며 열심으로 수고하여, 주께 "잘 했다. 착하고 충성된 종아"라고 칭찬을 받는 일꾼들이 되는 동시에 모든 면에서 풍성하게 축복 받는 생활을 하기 바란다. 최소한 세 가지 분야의 생활에서 우리 청지기들은 하나님께로부터 큰 축복을 받기 바란다. 그 축복 받는 비결, 원칙을 성경적으로 간단하게 소개를 한다. 모두다 성실하게 실천해서 오늘부터라도 여러분의 생활에 하나님의 크신 축복이 있기를 바란다.

1. ( ) 축복: "( )를 철저하게 드리는 생활을 실천"

가. ( )의 의미
우리 하나님을 믿고, 예수 그리스도를 그 마음속에 구세주로 모심으로 구원받아 하나님의 자녀가 된 신자들은 자신의 물질적인 수입이 하나님이 주신 것으로 알고 그 소득의 십분의 일을 하나님께 감사하는 마음으로 드리는데 그것을 ( )라고 한다.

나. 〔   〕를 드리라는 하나님의 명령

"만군의 여호와가 이르노라 너희의 온전한 십일조를 창고에 들여 나의 집에 양식이 있게 하고 그것으로 나를 시험하여 내가 하늘 문을 열고 너희에게 복을 쌓을 곳이 없도록 붓지 아니하나 보라"(말 3:10).

(1) 십일조는 하나님의 명령으로서 성도들은 마땅히 드려야 한다.
(2) 십일조를 드리지 않는 성도는 하나님의 돈을 도적질하는 것과 같다 (말 3:8-9).
(3) 십일조를 드릴 믿음이 없는 자라도 하나님을 시험삼아서라도 한번 드려보라.
(4) 십일조를 철저하게(온전하게) 드려야 한다(수입의 온전한 10의 1): 온전한 십일조
(5) 온전한 십일조를 드린 성도들에게는 넘치는 물질적인 축복을 약속하셨다.
(6) 청지기들은 하나님의 명령에 순종하여 누구나 다 성실하게 온전한 십일조를 하나님께 드림으로써 물질생활에서도 넘치는 축복을 받아야 한다.

다. 〔   〕의 기원
성서에 기록된 〔   〕에 대한 기원과 십일조를 드린 사람들은 다음과 같다.
(1) 아브라함이 멜기세덱 왕(대제사장)에게 십일조를 드렸다: 창 14:20
(2) 야곱이 하나님께 십일조를 약속함: 창 28:22
(3) 온 이스라엘 백성들이 자기들의 각종 곡식의 십일조를 드림: 대하

31:5-6

라. 〔   〕의 종류

여호와께서 이스라엘 백성에게 내라고 분부하신 십일조의 종류는 다음과 같다.

(1) 땅의 십분의 일(그 땅 곡식, 과일의 십일조를 드리라): 레 27:30
(2) 레위인을 위한 십일조: 민 18:26-28, 느 10:37, 12:44
(3) 모든 수입의 십일조(너희 모든 소산의 십일조를 드리라): 신 26:12

마. 신약에 기록된 〔   〕에 대한 구절들
(1) 마 23:23—성실한 십일조 생활과 더불어 율법정신을 살리라는 예수님의 권면의 말씀이 있음.
(2) 눅 18:12—바리새인이 성실하게 십일조 드림을 자랑함.
(3) 히 7:1-9—아브라함이 멜기세덱에게, 그리고 이스라엘 백성들이 레위 족속에게 십일조를 드린 사실을 인용하였음.

바. 십일조를 드리는 성경적인 자세
(1) 신 16:17—하나님께서 주신 복을 따라, 그 힘대로 드릴 것이라.
눅 12:48—많이 준 자에게는 많은 것을 기대하시는 하나님이시다.
즉, 십일조를 받은 바, 그 축복의 비율대로 드리는 것이 성경적이다.
(2) 고후 9:7—즐거운 마음으로 드리고, 인색한 마음, 억지로 하는 마음으로 드리지 말라. 하나님께서는 즐겨내는 자를 사랑하시느니라.
즉, 십일조는 〔   〕 마음, 자원해서 〔   〕 마음으로 내고, 체면이나, 억지로나, 강요에 의해서 드리지 말라. 이것은 하나님께서 기뻐하시지 않으신다.
(3) 잠 3:9—네 재물과 소산의 처음 익은 열매로 여호와를 공경하라.

즉, 십일조는 수입에서 〔   〕 떼서, 제일 〔   〕 부분으로, 제일 〔   〕 자세로 드려야 한다. 쓰고 남은 것, 자기가 싫어서 버리는 것 등을 드리는 무성의한 자세는 하나님께서 절대 기뻐하시지 않으신다.

(4) 마 6:3—너는 구제할 때에 오른손이 하는 것을 왼손이 모르게 하라. 즉, 우리는 십일조를 드릴 때 자랑하지 않고 교만하지 않으며 겸손하고도 은밀하게 해야 하는데 이것이 하나님께서 기뻐하시는 "드리는 자세"이다.

사. 십일조를 드린 사람들의 명단을 주보에 내지 않는 것이 더 좋은 이유: 하나님께 십일조를 바친 헌금자의 명단을 주보에 낼 수도 있고 내지 않을 수도 있으나, 내지 않는 것이 더 좋다. 십일조 헌금자의 명단을 주보에 실음으로 헌금에 대한 개개인의 수납 사실을 따로 알려야 하는 수고를 덜고, 헌금에 대한 의욕을 고취시키는 긍정적인 면이 있지만 이와 함께 부정적인 면도 있다.

(1) 십일조는 성도들이면 마땅히 하나님께 드려야 할 것이며, 이는 내 것으로 드리는 것이 아니라 하나님의 것을 하나님께 다시 돌려드리는 것이므로 사람들 앞에 자랑스럽게 광고하고 이름을 주보에 실을 성질의 것이 못 된다(말라기 3:8을 참고로 읽기 바람).

(2) 믿음이 약한 교우들이 자타가 공인할 만큼 믿음이 좋다는 교우들이 십일조를 내지 않아 그들의 이름을 십일조 명단 가운데서 발견하지 못하게 될 때, 믿음 약한 그들에게 시험거리가 될 수 있기 때문이다 (고전 8:9).

(3) 십일조를 낼 수 있는 마음의 준비나 신앙의 준비가 돼 있지 않은 교우들이 체면 때문에(주보에 이름이 나지 않을 때, 다른 교우들이 어떻

게 평을 할까 하는 것이 두려워서) 온전한 십일조라고 적어서 냄으로써 신앙의 위선행위를 할 수 있는 기회를 주며 하나님 앞에 꾸지람을 듣게 되는 기회를 만들어 주는 것을 두렵게 생각하기 때문이다―행 5:1-6: "사람을 속인 것이 아니라 하나님을 속였도다."

2. 영적(신앙적)인 축복―주일을 거룩하게 지키는 생활을 실천

가. 〔   〕의 의미
　　〔   〕이란 주일(주의 날)을 거룩하게 지킨다는 말이다.

나. 〔   〕에 대한 명령의 근거
"안식일을 기억하여 거룩히 지키라 엿새 동안은 힘써 네 모든 일을 행할 것이나 제칠일은 너희 하나님 여호와의 안식일인즉……나 여호와가 안식일을 복되게 하여 그날을 거룩하게 하였느니라"(출 20:8-11).

　　〔   〕을 거룩하게 지키라고 명령하신 구절들:
　　· 출 31:12-17―안식일에는 일하지 말라(출 34:21 참고)
　　· 출 35:3―안식일에는 불도 피우지 말라.
　　· 레 26:2―안식일을 지키며 나의 성소를 공경하라.
　　· 신 5:12-15―안식일을 거룩하게 지키고 일하지 말라. 다른 사람에게도 일을 시키지 말라.
　　· 느 10:31―안식일에는 물건을 사지 말라.
　　· 시 118:24―안식일을 즐겨라(즐겁게 지내라).

- 사 56:2—안식일을 지켜 더럽히지 말며, 악을 행하지 말라.
- 사 58:13-14—안식일에 오락을 즐기지 말고, 성일을 존귀하게 지키라.
- 렘 17:21—안식일에 짐을 나르지 말라. 아무 일도 하지 말라.
- 겔 44:24—안식일을 거룩하게 하라.

다. 〔   〕에 대한 예수님의 자세
- 마 12:1-8—인자는 안식일의 주인이니라.
- 마 12:9-12—안식일에 선을 행하는 것이 옳으니라.
- 막 2:27—안식일이 사람을 위하여 있는 것이요, 사람이 안식일을 위하여 있는 것이 아니라.
- 막 3:1-4—안식일에 선을 행하는 것과 악을 행하는 것, 생명을 구하는 것과 죽이는 것, 어느 것이 옳으냐?
- 막 6:2—안식일에 회당에서 가르치심.
- 요 5:10-18—예수님께서 안식일에 병자를 고치심.

우리 성도들은 하나님께서 우리에게 분부하신 명령에 준하여 원칙적으로 안식일을 하나님의 뜻대로 우리의 신앙양심에 거리낌이 없이 거룩하게 지켜야 할 의무가 있다. 안식일은 하나님의 날이므로 그 날은 주인되시는 여호와 하나님(예수님)의 뜻대로, 그가 원하시는 대로, 그가 기뻐하시는 대로, 그의 영광을 위하여 거룩하고 성스럽게 지내야함이 원칙이다. 그러나 바리새인들처럼 율법적으로 위선과 형식과 체면에 사로잡혀서 주일을 거룩하게 지내려고 하는 것은 올바른 자세가 될 수가 없다(주일을 거룩하게 지키는 문제로 오늘날도 교우들 간에 많은 논쟁들이 벌어지고 있다. 각자 자기 신앙양심을 속이지 말고, 신앙양심에 위배되지 않게 주일을 거룩하게 지키도록 힘써야 할 것이다).

라. 안식일(토요일)이 주일로 바뀌게 된 이유

본래 성경(구약)에서 말하는 안식일은 토요일을 말하는 것이다. 그러나 오늘날 우리 신교도들은 토요일 대신 주일을 안식일로 정하고 그날 우리의 모든 예배와 영적활동을 하고 있다. 그 역사적, 성경적 배경에 대하여 고찰하고자 한다.

(1) 히브리원어의 뜻—안식일이란 말의 히브리어 원어의 뜻은 "쉰다", "노동을 중단하고 휴식을 취한다"라는 말이다. 그러므로 구약에서 명령한 안식일의 기본 사상은 "일체의 육체적인 노동을 중단하고 쉰다"는 것이다. 출애굽기 20:11의 '하나님께서 6일간 천지창조하시고, 제 7일에는 쉬셨다'라는 것이 이 기본사상의 기원이다.

(2) 노동을 금함—출 16:23-26에 보면, '제6일에 만나 2일분을 준비하고, 제7일에는 만나줍는' 노동을 금하셨다.

(3) 육체적 해방의 기쁨—신 5:15에서는 안식일이 이스라엘 백성들이 애굽의 노동에서 해방된 기쁨을 즐기기 위한 목적이 있음을 분명히 밝히고 있다. 즉 안식일은 이스라엘 백성들과 하나님과의 특별한 관계를 기억하며 유지하기 위하여 지켰다는 사실을 알아야 한다.

(4) 예수님의 역사—율법에서의 자유: 예수님 자신도 안식일을 지키셨다. 그러나 그의 육체의 죽음을 통하여 율법 아래 있는 우리들을 완전히 구원하심으로 율법에서 우리를 해방시켜 주셨다. 그러나 이것은 우리가 이제 모든 구약의 하나님의 율법을 지키지 않아도 된다는 뜻으로 해석해서는 안 된다.

〈참고〉 갈 4:4-5, 히 10:1-4, 11-14, 갈 4:9-11, 막 2:27-28.

마. 주일을 신자들의 예배일로 지키게 된 이유

(1) 이 날은 글자 그대로 주님의 날이다.

(2) 이 날에 예수께서 부활하셨다.
(3) 부활 후 한 주일을 기다리셨다가 모여 있는 제자들을 주일에 만나셨다.
(4) 부활 후 50일이 되는 주일에 그가 약속하신 대로 그의 제자들에게 성령을 부어주셨다.
이것은 성령강림과 함께 교회 탄생의 기원이다.
(5) 부활 전까지는 안식일을 지키셨으나, 그 후에는 안식일에 대한 말씀을 하지 않으셨다.
〈참고〉 요 20:19-21.
(6) 초대교회의 사도 및 신자들도 부활 전까지는 안식일을 지켰으나, 부활 이후에는 안식 후 첫날(주일)에 모여 기도하고 예배를 드렸다(행 20:7, 고전 16:1-2).
(7) 부활 이후에도 사도들이 안식일에 회당에 들어가서 말씀을 강론하였다는 기록이 있는 것은 안식일을 지키러 들어간 것이 아니고, 안식일을 주장하는 유대인들과 성경을 강론하러 들어갔다는 것을 기억해야 한다. 고전 9:19-20, 행 18:4-7은 신약에 제일 마지막으로 나타난 안식일에 대한 기록이다.
(8) 사도행전 15장의 예루살렘 총회에서도 새로 예수를 믿기 시작하는 성도들의 구원문제를 논함에 있어서, 심각한 신학적인 토론 끝에 유대인의 모든 율법을 지켜야만 구원을 얻는다고 주장하는 유대인들의 주장을 꺾고, 은혜시대의 구원론을 강조하였다(골 2:16).

그러므로 누가 토요일을 변경해서 주일로 바꾼 것이 아니라, 자동적으로 예수님의 부활과 함께 토요일로서의 안식일의 개념이 없어지게 된 것이다. 주일에 성도들이 자원해서 그 날의 기쁨을 나누며, 예배를 드리며, 성도들 간의 교제를 가지며, 주님의 명령을 실천하기 위하여 봉사, 헌신,

전도를 하게 된 것이다.

　그러다가 마침내 주후 321년에 콘스탄틴 황제의 포고령과 주후 364년의 라오디기아 종교회의에서 안식일을 주일로 정하고 공포하여 주일을 성도들의 영육간의 안식과 예배를 위한 특별한 성일로 지키게 된 것이다.

3. 〔　　　〕의 축복─〔　　　　〕를 규칙적으로 드리는 생활을 실천

　청지기의 〔　　　〕은 다른 평신도들의 〔　　　〕보다 모범이 되어야 하며, 보다 행복하고 화목하여 하나님께 영광을 돌려야 한다. 또한 이러한 가정을 통하여 전도의 문이 열려지게 된다. 그러면 가정화목, 가정평화, 가정축복의 비결이 어디에 있는가? 온 가족이 자주 하나님의 말씀을 중심으로 함께 모여 예배드림으로 믿음의 공통분모를 가지며, 동일한 가치관을 설정하며 또한 그리스도의 사랑의 끈으로 묶여질 때에만 참다운 가정의 화목이 가능한 것으로 믿는다. 가장 좋은 방법은, 온 가족이 주일에 교회에서 함께 예배를 드리는 것은 물론 더불어 가정제단을 정기적으로 쌓는 것이다.

　가. 〔　　　〕의 정의
　　　가정에서 온 사속늘이 모여서 함께 예배드리는 일을 가정예배 또는 〔　　　〕이라고 말한다.
　　　아버지가 가정의 영적지도권을 행사하는 것이 가장 바람직하다.

　나. 성경에 나타난 〔　　　　〕
　　(1) 아브라함: 아브라함은 가는 곳마다 먼저 하나님께 가족과 함께 제단을 쌓았다.: 창 12:7, 8, 13:18

(2) 여호수아: 여호수아는 가정의 신앙의 지도권을 행사한 사람이다. 여호수아 24:15에서 "오직 나와 내 집은 여호와만 섬기겠노라"라고 했다.

(3) 고넬료: 신약성경에 다른 믿음의 사람도 많이 나와 있지만 온 집안이 하나님을 섬기도록 가정을 이끈 이방사람(로마군인)은 고넬료의 가정이다. "그가 경건하여 온 집으로 더불어 하나님을 경외하며……하나님께 항상 기도하더니"(행 10:2).

다. 〔   〕를 드리는 가정들이 결과적으로 받는 축복

같이 늘 함께 기도하고 찬송하고 예배드리는 가정은 일반적으로 말하여 그렇지 않은 가정보다 더 행복하다.

(1) 온 가족이 말씀에서 성장하는 축복
(2) 온 가족이 믿음의 공통분모를 가지는 축복
(3) 온 가족이 말씀에 기반된 건전한 가치관을 설정하게 되는 축복
(4) 온 가족이 주님의 사랑으로 하나로 뭉치게 되는 축복
(5) 온 가족이 서로 관심을 갖고 서로를 위하여 기도하는 축복
(6) 온 가족이 기도와 말씀을 통하여 직접, 간접으로 서로 마음을 터놓고 대화를 나눌 수 있는 축복(특히 부모와 자녀들과의 예배를 통하여 서로의 대화의 문이 열림)
(7) 온 가족이 서로 거리감이 없어지고, 서로의 신뢰가 더 커지는 축복
(8) 온 가족이 서로의 무거운 짐을 함께 나누어지는 큰 축복
(9) 온 가족이 하나님께로부터 모든 생활에 큰 축복을 받음

라. 〔   〕를 위한 제안들―가정예배를 어떻게 드리나?
(1) 가능하면 매일 온 가족이 다 모일 수 있는 시간을 정하고 가정예배를 규칙적으로 드릴 수 있도록 기도로 준비하고 가정적으로 의논하여

합의를 해야 한다. 매일이 불가능하면 최소한 일주일에 1회는 할 수 있도록 기도하시며 준비해야 한다.

(2) 가정예배를 드리는 장소는 고정적으로 정하는 것이 좋다. 아이들방, 식탁, 응접실, 또는 부모님방 등 일정한 장소로 정하는 것이 좋다.

(3) 가정예배에 사용할 찬송가, 성경을 온 가족이 다 개인용으로 준비한다. 영어를 사용하는 자녀가 있는 가정에서는 "한영찬송가" 또는 이중언어 복음성가 등을 미리 구입하여 준비하며, 현대판 영어성경을 자녀들에게 사서 주는 것도 바람직하다.

(4) 가정예배 시간은 가능하면 너무 늦지 않게 하여 피곤하여 졸지 않도록 하고, 또한 TV 프로그램에 유혹을 받지 않는 시간을 미리 생각해서 정한다.

(5) 가정예배 시간에는 가능하면 전화수화기를 내려놓고 예배시간에 방해를 받지 않도록 미리 모든 준비를 하는 것이 현명하다.

(6) 예배순서 및 시간—예배시간을 너무 길게 하지 않는 것이 좋다.

- 예배시간에 식구들을 소집하는 것은 자녀 중에서 순서대로 책임을 맡기면 좋다.
- 개회기도는 항상 아버지(또는 어머니)가 간단하게 인도하는 것이 좋다.
- 온 가족이 다 잘 부를 수 있는 찬송을 2장 정도 부른 후 예배를 시작하는데, 각자가 좋아하는 찬송을 미리 골라서 제안하도록 책임을 맡기는 것이 좋다.
- 그 후에 간단히 기도한다.
- 성경을 한 장 선택하여 한 절씩 돌아가며 읽도록 한다. 순서대로 시편을 읽든지, 또는 읽을 성경을 예배인도자가 미리 골라서 읽든지, 교회에서 제공한 가정예배서나 성경본문을 읽든지 가정에 따라서 고르는 것이 좋다.
- 성경을 읽을 때, 미리 온 가족이 색연필을 준비하여 다음 4가지 질문에 대한 답을 성경에서 찾아서 줄을 치도록 주의시키면 좋다.

> 이 장에서 나의 신앙생활에 대해 하나님께서 내게 주시는 명령의 말씀.
> 이 장에서 나의 신앙생활에 대해 하나님께서 내게 주시는 약속의 말씀.
> 이 장에서 나의 대인관계, 육신생활에 대해 하나님께서 내게 주시는 명령의 말씀.
> 이 장에서 나의 대인관계, 육신생활에 대해 하나님께서 내게 주시는 약속의 말씀.

- 성경 읽기가 끝나면 가장이 한 사람씩 질문하여 각자 찾은 답을 말하고 각자의 의견을 말하도록 기회를 준다. 이 때 자기가 느끼는 그대로 발표할 수 있는 자유스러운 분위기 조성이 필요하다.
- 그 후에 각자 돌아가면서 간단하게 한마디씩이라도 기도할 수 있는 훈련을 시키고, 기도 전에 오늘 하루 지난 일 중에서 가장 중요한 것 하나를 나누게 하고, 내일 해야 할 일 중에서 가장 중요한 것 하나를 말하게 하고, 그것들을 위해서 서로 기도하여 준다. 끝으로 아버지나 어머니가 기도하고 마친다. 가능하면 교회를 위하여, 교인을 위하여, 다른 사람을 위하여 기도하는 습관을 길러주기 위하여 간단한 제목(중보기도 제목)을 한가지씩 주어도 좋다.
- 그 후에 좋아하는 찬송(그 말씀과 관계가 있는 찬송이면 더욱 좋음)을 다같이 한 장 부르고, 주기도문을 드린 후에 예배를 끝낸다.
- 기도할 때나, 마지막 찬송을 부를 때, 또는 주기도문을 드릴 때, 온 가족이 손잡고 하는 것이 큰 효과를 가져온다.

청지기로서 이상 3가지 [ ] 축복(주일성수), [ ] 축복(십일조 드림), 그리고 [ ]의 행복(가정예배 드림)을 실천하여 하나님으로부터 크게 축복을 받아 행복하게 신앙생활을 하기를 바란다.

제 7 과 축복받는 생활에 대한 자기평가서

청지기로서 축복 받는 생활을 제대로 하고 있는가 자신을 엄밀하게 평가해보고, 축복 받는 생활이 이루어지기를 바랍니다.

1. 나는 온전한 십일조를 드리고 있는가?

나의 십일조를 드리는 자세를 (본과를 다시 읽으시면서) 기록해 보시기 바랍니다.

2. 영적인 축복들
(%)

나는 성수주일을 지키고 있다	20	40	60	80	100
나는 내 집안의 식구전체가 성수주일하도록 힘쓴다	20	40	60	80	100
나는 내 고용원들(고용주)도, 나는 내 사업체 (사업주)도, 직장(고용원)도 성수주일이 되도록 힘쓴다	20	40	60	80	100
나는 주일의 의미를 잘 이해하고 있다	20	40	60	80	100

3. 가정생활의 축복

니는 가정제단을 쌓고 있다	가끔( )	자주( )	매일( )

가정제단의 의미를 알고 실천하고 있다	20	40	60	80	100

우리 가정은 가정예배시간이   있다( ) 없다( ) 계획 중이다( )

가정예배를 어떻게 드리는지 알고 있다	20	40	60	80	100
식구들이 돌아가며 예배순서를 담당하고 있다	20	40	60	80	100

축복받는 생활에 대한 나의 결심을 써 보십시다.

제8과

교회조직이해

· 교회 행정의 의미
· 교회 행정의 범위
· 교회 기구, 조직 도표
· 교회의 조직, 기구 및
  행정체제와 그 부서의
  임무 및 기능
· 제직회/직원회
· 교회의 제직 선택기준에
  대한 사례
· 예산 편성과 집행
· 회의 진행법

# 제8과 교회 조직 이해

훈련목표

교회는 하나님으로부터 특별히 불러냄을 받은 성도들의 집합체인 동시에 하나님의 선교목적을 위하여 형성된 공동체이다. 그러므로 이 공동체의 질서와 발전을 위해서는 합리성을 가진 조직, 기구, 행정적인 제도가 절대로 필요한 것이다. 이 과에서는 교회를 체계적이며 효과적으로 운영하기 위한 방법을 소개한다.

교회는 "에클레시아"(하나님으로부터 특별히 불러냄을 받은 성도들의 집합체)인 동시에 "큐리아곤"(그리스도의 몸으로 하나님의 선교목적을 위하여 형성된 공동체)이다. 그러므로 이 공동체의 질서와 발전을 위해서는—보다 효과적으로 단체의 목적을 달성하기 위한 수단으로—합리성을 가진 조직, 기구, 행정적인 제도가 절대로 필요한 것이다.

목사는 설교자일 뿐만 아니라, 부모와 같은 보호자, 상담자이면서도 또한 단체활동의 관리자로서 체계있는 조직력을 가지고 교인들을 돌보는 유능한 행정가가 되어야 한다. 그리하여 교회가 가지고 있는 거대한 잠재력을 [   ]하고 [   ]하여 교회의 본래의 주어진 [   ]를 최대로 수행하여야 할 책임이 있는 것이다.

1. 교회 행정의 [   ]

교회는 [   ]을 보다 효과적으로 달성하기 위하여:
가. 원칙을 정하고(Doctrine, Principle)
나. 계획을 하고(Planning)
다. 기구를 조직하고(Organization)

라. 명령하며(Commending)
마. 통제한다(Controling).

트렉커(Trecker)는 "교회행정은 회중과 함께 목표를 수립하여 조직체들의 유기적인 관계를 수립하며 의무를 분배하고 모든 계획과 사업을 지휘하며, 달성한 바를 검토하는 것이다"라고 행정에 대한 정의를 내렸다.

2. 교회행정의 〔   〕

교회의 조직, 기구, 행정은 모두 성경에 근거를 두고 있다.
가. 모세: 출애굽기 18장
   모세의 장인 이드로의 제안에 따라 천부장, 백부장, 오십부장, 십부장의 조직을 가졌다.

나. 바울: 디모데전서 3장
   바울은 개척교회를 세우고 그 안에 제도, 조직, 기구를 세워 운영을 하였다. 세월이 지나감에 따라 단순하였던 조직, 기구, 제도가 점점 복잡화하게 되며, 기계화하게 되었다. 그러므로 시대변천에 따라 조직, 기구, 행정의 방향도 달라져야 할 것이다.

3. 교회 행정의 〔   〕

각 교회가 속한 교단의 성격이나 교회의 전통, 목회자의 목회 방향 등에 따라, 또한 그 교회만이 가지고 있는 특수사정에 따라 그 교회의 조직, 기구, 행정 범위가 달라질 수 있다. 그러나 일반적으로 교회 행정의 영역

은(장로학 교재에서 참고):

　가. 사무처리

　나. 활동계획과 사업 프로그램의 지도관리

　다. 각종 회의의 관리

　라. 대외적 홍보활동과 관계형성

　마. 교회자체 내의 인적, 물질적 관리

　바. 예배와 음악, 결혼, 장례, 질병, 사고의 처리

　사. 기독교 가정생활과 구역생활의 관리지도 등이다.

　그러므로 이 행정을 크게 (1) 조직행정, (2) 인사행정, (3) 재무행정으로 분류하여 설명할 수 있다.

4. 교회 기구, 조직 도표

　각 교파마다, 또한 조직마다 그 강조함과 크기, 예산 등의 차이에 따라 조직, 기구, 행정체제도 다소 다른 점이 있다(참고로 몇 교회의 조직, 기구도표를 소개함, 부록 참고).

5. 교회의 조직, 기구 및 [　　　]와 그 부서의 [　　　　]

　각 교회가 소속된 교단마다 나름대로 지역교회의 [　　　]와 그 부서 및 임무가 규정되어 있어서 각 교파별로 공부를 해야 함이 원칙이다. 그러나 보편적인 것들을 공부하면 다음과 같다.

가. 조직
  (1) 총회(사무총회, 공동회의): 매년 정기적으로 1번 모여서 교회의 인사보고, 재정에 대한 결산과 예산 등을 의결하는 모임이다.
  (2) 당회: 장로들이 모여서 교회를 지도하는 모임이다.
  (3) 제직회: 교회 제직들로 구성되며, 교회재정을 관리하고 제반살림을 운영한다.

나. 기구/부서명
  재무부, 교육부, 봉사부, 친교부, 관리부, 도서부, 예배부, 경조부 등등.

다. 각 기관
  남전도회, 여전도회, 청년회, 대학부, 고등부, 중등부, 유년부 등등.

라. 협의기관
  각 교회마다 조직상의 위치가 다를 수 있겠으나 대개의 경우 협의기관으로 볼 수 있는 것은 다음과 같다.
  건축위원회, 묘지관리위원회, 기관장회의, 구역장회의 등등.

6. 제직회/직원회

각 교회마다 (   )의 순서가 다를 수 있겠으나, 기본적인 것은 거의 비슷하다.
- 묵도, 찬송, 기도
  제직 가운데 미리 지명함, 회원점명(제직회서기).

- 개회선언
    정족수 여부에 따라 개회선언 또는 유회선언을 의장이 함. 제직회 의장은 목사가 됨.
- 전회록낭독(제직회서기)
    의장은 전회록에 기록된 모든 결의사항을 전회록 낭독이 끝난 후에 한 가지씩 다시 점검하여 그 실천여부를 확인함. 해당 부서 책임장로가 대답하도록 함.
- 월말 회계보고
    교회 회계가 인쇄물로 보고함.
    각 부 보고 및 각 기관 보고와 내달 계획안 보고(각 부서, 각 기관별로 순서대로)
    각 부장, 기관장이 지난 1개월간의 보고사항과 또한 앞으로 1개월간의 사업, 활동 계획을 나와서 보고함. 그 보고 후에 그 부서에 해당되는 어떤 종류의 질문이나 건의사항을 제직들이 할 수 있도록 기회를 줌).
- 당회보고
    당회서기가 그 전주 당회에서 결의된 사항을 제직들께 발표함. 제직회에서 또다시 가결을 보아야 할 사항을 그 의제로 내놓고 토의하여 결의를 함.
- 기타시간/질문시간
    교회전반 및 행정업무에 관하여 질문 또는 건의 및 제안사항들이 있으면 제직들이 할 수 있도록 기회를 줌.
- 결의사항 채택
    서기가 결의된 사항만 간단하게 다시 낭독하고 착오가 없음을 확인하고 그대로 받음.
- 의장의 기도 또는 주기도문으로 폐회함

7. 교회의 제직 (   )에 대한 사례

교회마다 목사나 당회를 통해서 다른 형태로 이루어지겠지만, 어느 교회의 경우를 한 예로 소개한다.

가. 교회에는 주관하는 집사후보자를 위한 특별성경공부를 수료하고, 그 수료증을 받은 사람에 한하여 당회에서 '집사 서약서'를 우송한다. 그 서약서를 읽고 기도하면서 그 내용을 자세하게 기록해서 당회장 앞으로 다시 보내면 그 서류를 심사하여 본인에게 먼저 그 결과를 통보하고 12월 둘째 주 제직임명식 때 정식으로 교회 앞에 신임집사로 소개하고 집사 임명서를 준다.

나. 이 집사직은 안수집사가 아니고, 1년 단위의 서리집사이므로(영구 청지기직이 아님) 매년 본인들의 의사를 존중하고 새로운 헌신을 각오하는 의미에서 연말에 집사 서약서를 보내며, 다시 사인을 하도록 행정적인 절차를 밟고 있다.

8. 예산 (   )과 (   )

가. (   )을 임명하고 (   )를 조직한다.

나. (   )에 담임목사가 새해의 (   )과 (   )을 제시한다.

다. 그 초안을 제직회에 제출하여 통과를 하게 된다.

라. 제직회를 통과한 예산이 사무총회(공동회의)에 제출되어 최종적으로는 교인들의 동의로 예산안으로 채택된다. 예산안의 수정이 필요할 때는 교인들의 의견을 수렴하여 예산위원회에서 수정을 해서 다시 총회에서 통과한다.

마. 책정된 예산 범위 내에서 각 기관 및 부서는 자유롭게 신앙활동을 할 수 있게 한다(예산을 각 부서에서 신청할 때는 '예산신청 소정양식'에다 금액, 사용용도를 기록하여 그 부서 책임자의 서명을 받고, 재무부장과 당회장의 서명을 받은 후에 회계에게 제출하면, 회계는 필요한 금액을 지출하도록 되어 있다).

바. 교회의 재정은 수입회계와 지출회계를 따로 두어 관리하도록 하며, 수표가 보편화된 사회(예로 미국의 교포교회)에서는 지출은 반드시 수표를 사용하도록 하고, 수표의 서명은 두 사람 이상으로 한다.

9. 회의(   )

제직으로서 제직회에 참석하거나 교회지도자로서 각종 회의에 참석하실 때, 회의진행의 기본을 알고 있는 것이 좋다.

가. 필요한 용어들: 회의에서 사용되는 몇 가지 중요한 용어(술어)들을 먼저 알고 또한 어떻게 사용하는지 알아야 한다.

• **정족수**
그 회의가 개회되는 데 필요한 출석인원수를 정족수라고 한다(통례상 정족수는 재적인원의 과반수 출석으로 한다). 정족수가 되면 사회자가 개회를 선언하고 정족수가 못 되면 유회를 선언하고, 그 회의를 성립시키지 않는다. 그러나 회의 성격상 정족수(성원수)를 2/3 또는 1/3로 정하는 곳도 있다.

· 의사일정(회의순서) 채택

배부된 회의순서를 순서대로 진행할 것인지, 아니면 순서를 바꾸어 더 중요한 것부터 먼저 한다든지 하는 순서를 먼저 결정한다.

· 동의

회원이 의장에게 발언권을 얻어서 어떤 안건을 제안하는 것을 말한다(ex. …하기로 동의합니다).

· 재청

동의에 찬성하시는 분이 그 안건을 지지할 때 사용하는 표현이다(ex. …씨의 동의에 재청합니다). 동의에 대한 질문시간을 줄 수 있으며, 재청이 있은 후에 표결에 앞서 토의할 수 있는 시간도 가질 수 있다.

· 이의

동의와 재청이 들어오면 의장은 "이의 있으십니까?"라고 물어서 토의를 하다가 회원이 "가부요"하고 표결을 요구하면 표결에 부치게 된다.

· 개의

동의와 다른 안건을 말한다. 개의도 같은 절차로 재청을 얻어서 안건으로 성립된 후에 동의와 개의 사이에 표결에 부치며, 그 표결순서는 개의부터 하고 동의를 나중에 한다(재개의도 있다).

· [   ]

"회장, 규칙이요!" 하면 회장은 모든 것을 중단하고 그에게 발언권을 우선적으로 주어야 한다. 이것은 헌법이나 정관에 위배된 경우에만 해당된다.

· 긴급동의

회의 진행순서를 떠나서 급하게 동의를 할 일이 있으면, 손을 들고 "회장, 긴급이요" 하면 발언권을 얻게 된다. 긴급동의는 재청이 있으면 토론 없이 곧 표결하여 2/3 이상의 찬동으로 가결이 된다.

- **번안동의**

한 번 결정된 의안을 다시 토의해서 뒤집자는 동의인데 이것은 결의하고 나서 금방은 못 한다. 이 동의는 그 동의에 찬성을 했던 사람만이 할 수 있고, 2/3 찬성을 얻어야 한다.

- **일의제 원칙**

의제는 한 번에 하나씩 처리하여야 한다는 원칙이다.

- **회기 불계속의 원칙**

한 회기 중에 의결되지 않은 것은 다음 회기에 아무 관련없이 모두 소멸되고 만다는 뜻이다.

- **표결방법**

약식표결—이의 여부를 묻고 의장이 그대로 만장일치로 선포하는 것

구두표결—구두로 표결하는 것

점호표결—호명할 때마다 가부의사를 표시하여 표결하는 것

기립표결—찬성자는 일어서는 방법

투표—기명, 무기명 투표로 결정

- **회의종류**

정회—회의를 잠깐 쉬는 것

휴회—회의를 쉬는 것

속회—회의를 계속하는 것

연회—회의를 연기하는 것

유회—회의가 성립되지 못하는 것

- **임원후보자추천방식**

구두호천—후보자 이름을 불러 추천하는 것

전형위원추천—전형위원을 뽑아서 그들이 후보자를 추천하는 방법

공천—회의에서 택한 공천위원들이 피선거인을 택하고 회의에 보고해서 통과하는 것

지명—의장이 직접 지명하여 세우는 방법

하나님의 몸된 교회의 청지기는 조직체로서의 교회를 잘 이해하고, 〔   〕의 〔   〕으로서, 중추적인 〔   〕로서의 행정적인 임무를 공평하고 올바르게 잘 수행해야 한다.

제 8 과 교회조직 이해에 대한 자기 평가표

조직체로서의 교회, 그 조직체의 한 일원이며 중추적인 지도급의 일들을 담당해야 될 청지기로서 교회 내에서의 생활을 자신이 공정하게 평가해 보고, 청지기의 직분을 잘 감당하시기 바랍니다.

1. 교회조직과 행정체계

(%)

교회조직의 이해와 참여도	20	40	60	80	100
직원회 부서활동	20	40	60	80	100
교회행정의 이해와 참여도	20	40	60	80	100
기관소속과 기관에서의 활동	20	40	60	80	100

2. 회의참여

직원회 및 각종 교회 내의 회의 출석	20	40	60	80	100
회의법을 알고, 회의법을 존중하며 따름	20	40	60	80	100
다른 사람의 의견존중	20	40	60	80	100
나의 의사를 분명히 표시함	20	40	60	80	100
뒤에서 수군수군거림/ 가십을 만듦	20	40	60	80	100

3. 예산 및 결산

교회예산책정의 이해와 참여	20	40	60	80	100
예산집행과 결산에 대한 이해와 참여도	20	40	60	80	100

기타사항에 대한 나의 과거의 태도를 살펴보고 새로운 결단의 시간이 있으시기 바랍니다.

제9과

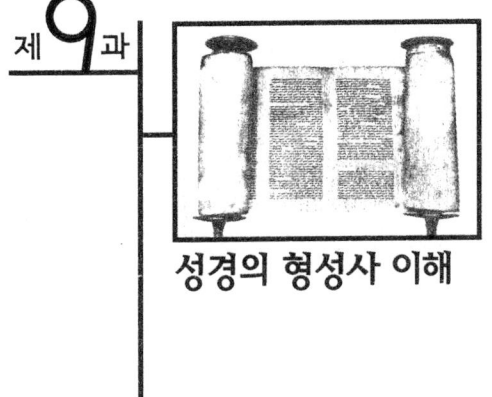

성경의 형성사 이해

· 구약성경의 형성사
· 성경의 중간기
· 신약성경의 형성사

# 제9과 성경의 형성사 이해

훈련목표

성경 66권이 수십 세기에 걸쳐 수많은 장소에서 따로따로 기록되었기 때문에 그 내용에 의문을 품는 사람들이 많을 것이다. 그러나 성경은 원저자이신 하나님의 섭리하에 기록된 책이므로 통일성이 있는 한 권의 책이다. 이 과에서는 이러한 성경이 어떻게 형성되었는지 알아보고자 한다.

하나님의 말씀인 성경은 하나님의 계시를 받은 약 40여 명의 유대인들에 의하여 약 1,600년이나 되는 긴 세월 동안 기록이 되었다. 그 저자들의 직업은 왕, 의사, 학자, 어부, 선지자, 세리, 천막 깁는 사람, 정치가 등 다양하다. 그러나 성령께서 영감으로 제자들을 인도하셨기 때문에 성경은 일관적인 주제가 있으며, 또한 완전한 조화를 이루고 있다.

구약성경의 형성사

현재 우리가 사용하고 있는 구약성경은 모두 39권으로 이루어져 있다. 초기에는 상하권이 한 권으로 되어 있었기에 모두 24권이었으나 이것이 상하로 분리되어 현재 39권이 되었다. 성경 유대교는 이 39권을 〔   〕으로 전수하였으며, 오늘날까지 이 39권은 〔   〕에서 인정받고 사용되어지고 있다.

이스라엘의 역사나 설교가 언제부터 문헌화되었는지는 잘 알 수 없다. 대개 다윗시대(주전 1010-960)부터 문서활동이 활발해진 것으로 보며, 그 후 솔로몬 왕의 사망 후부터 고대 이스라엘 역사문서가 생기게 된 것으로 본다. 그 성서문헌을 종합하여 보면 다음과 같다.

1. 성서문헌

가. 제이(J)문서
남쪽 왕국 유다에 관심을 집중한 것으로 〔   〕(Jehovah)라는 말을 처음 사용하였으므로 그 첫 글자를 따서 제이(J)문서라고 부른다.

나. 이(E)문서
북쪽 이스라엘에서도 아브라함의 역사를 중심으로 하는 문서가 있었으며, 하나님께서 모세에게 여호와라는 이름을 계시하기 전까지는 〔   〕(Elohim)이라고 불렀으므로 그 첫 글자를 따서 이(E)문서라고 부르게 된 것이다(주전 750년).

다. 제이 이(J. E)문서
그 후에 북쪽 이스라엘이 주전 721년에 앗시리아에 의해 멸망을 당한 후에 제이(J)와 이(E)문서가 하나로 편성되었을 것이라고 보며 이를 가리켜 제이 이(J.E)문서라고 부른다.

라. 디(D)문서
그 후에 주전 621년에 유대왕 요시아 때에 성전에서 발견된 책을 학자들이 현재의 〔   〕(Deuteronomy)와 대동소이한 것이라고 보며 이를 가리켜 디(D)문서라고 부른다.

마. 피(P)문서
바벨론 포로시대 이후에 유대인의 고유의 종교적, 문화적 생활의 확립을 해보려는 노력과 운동이 일어나 선민역사와 그들의 종교제도,

성전의식법 등을 편찬, 수집하기에 이르렀다. 이것이 주로 〔   〕(Priest)들에 의하여 이루어졌기 때문에 그 첫 글자를 따서 피(P)문서라고 부른다. 이것이 에스라가 주전 444년경에 읽어준 것이라는 견해이다.

2. 정경(CANNON)화

우리가 성경이라고 부르는 정경(학문적 용어)이 되는 데는 그 기준이 있다. 첫째는 기록된 내용이 권위의 책, 즉 하나님의 말씀이라야 한다. 둘째는 그 책이 백성들에 의해 공인을 받지 않으면 안 된다. 이 두 기준 가운데 어느 한 가지가 없어도 정경으로 인정받을 수 없었다. 정경에 편입되지 못한 책들은 외전 혹은 외경이라는 형태로 지금까지 남아있는 것도 있다. 특히 천주교에서는 성경에 외경을 편입시켜 같이 사용하고 있다.

구약성경이 〔   〕된 연대는 모세오경이 주전 400년경에, 예언서가 주전 200년경에, 성문서집이 주후 90년경이다. 구약성경이 전체적으로 정경으로 인정된 것은 주후 90년경의 〔   〕에서이다. 이 때 유대 랍비들과 권위 있는 성서학자들이 회의를 열고, 오늘날 우리가 가지고 있는 구약 39권을 정경으로 채택하였다.

3. 구약성경의 분류(3부)

우리는 구약성경이라고 간단히 부르지만, 원어인 히브리어는 토라(Torah), 네비임(Nebiim), 케투빔(Kethubim)으로 되어 있는데 이것은 율법, 예언서, 성문서집이다.

가. 율법(Torah): 창세기, 출애굽기, 레위기, 민수기, 신명기

나. 예언서(Nebiim)

(1) 전기예언서: 여호수아, 사사기, 사무엘상하, 열왕기상하
(2) 후기예언서: 이사야, 예레미야, 에스겔, 호세아, 요엘, 아모스, 오바댜, 요나, 미가, 나훔, 하박국, 스바냐, 학개, 스가랴, 말라기

다. 성문서집(Kethubim): 욥기, 잠언, 전도서, 시편, 아가, 애가, 룻기, 에스더, 역대기, 에스라, 느헤미야, 다니엘

4. 원본, 사본, 번역

가. 원본: 성경은 구약과 신약 두 가지로 이루어져 있다. 구약은 [   ]와 [   ]로, 신약은 [   ]로 기록되어 있다. 이 경전은 [   ] 또는 [   ]가 사용되었다. 구약성서나 신약성서나 그 책을 기록한 원저자의 원고는 다 없어지고 한 권의 책도 남아 있지 않다. 구약성경의 원본은 씌어진 1, 2세기 안에 다 없어지고, 그것을 베껴서 기록한 사본만 남아서 전수되었고, 현재는 원본이 하나도 없는 셈이 되었다.

나. 사본: 이런 정황 가운데 주전 130년경에 랍비 아키바(Akiba)가 표준성경을 만들었고, 주전 1세기경에는 맛소라학파(The Massoretes)가 성서본문과 그 발음을 보존하는 데 공헌을 했다. 그리고 맛소라 본문이라고 부르는 현재의 히브리어 성경원전(사본이지만)을 만들었다. 그러다가 1947년에 쿰란사본(사해두루마리)이 발견되었고, 구약성경연구에 획기적인 자료가 되었다.

다. 번역: 구약성서가 최초로 다른 말로 번역된 것은 〖
　　　　　〗(Septuagint, LXX)이다. 아프리카의 알렉산드리아에서 희랍어로 번역된 것이며, 애굽에 살고 있던 히브리 자손들에게 하나님의 말씀을 전해줄 목적과 희랍문화가 제일이라고 생각하는 알렉산드리아 사람들에게 더 훌륭한 모세의 율법이 있음을 알리고 자랑하려는 목적으로 번역이 되었다. 그 후에는 각국어로 현재까지 계속 번역되어지고 있다.

성경의 중간기

주전 400년부터 주전 4년의 예수 그리스도의 탄생까지, 약 400년 동안은 유대에 대한 기록이 성경에 기록되어 있지 않다. 그래서 보통은 중간기라고 부르는데, 약 400년 동안에도 많은 역사적인 사건들이 있었다. 구약과 신약을 연결시켜 주고, 신약을 이해하는 데 도움이 되는 내용을 역사적인 시대로 구분해본다.

1. 페르시아 시대

주전 430년부터 332년까지로서, 주전 430년경에 구약성경의 역시기 끝날 때에는 유대는 페르시아의 한 영토였다. 페르시아의 유대에 대한 통치는 대체적으로 부드럽고 너그러웠다.

2. 그리스 시대

주전 331년부터 167년까지로서, 많은 역사적 사건들이 있었고, 특히 알렉산더 대왕은 주전 332년에 팔레스틴을 점령했는데, 유대인들을 특별히 고려하여 예루살렘을 남겨두고, 유대인들이 알렉산드리아에 거주하도록 특전을 베풀어주었다. 알렉산더가 죽은 후에는 시리아와 애굽으로 갈렸는데, 유대는 애굽에 속하여 주전 198년까지 애굽의 지배를 받았다.

3. 독립시대

주전 167-63년 사이에, 마카비안 형제들이 예루살렘을 다시 정복하고 계속해서 100년 동안 성전에서 하나님께 예배를 드렸다.

4. 로마시대

주전 63년부터 예수님 탄생까지의 기간으로서, 주전 63년에 폼페이우스가 이끄는 로마군에 의해서 팔레스타인은 정복되었다. 안티파테르와 그의 아들 헤롯은 로마 통치자들이 바뀔 때마다 계속해서 그들의 환심을 샀고, 헤롯은 그들로부터 유대인의 왕으로 임명받아 주전 37-4년 동안 통치하였다.

신약성경의 형성사

신약성경을 정경(CANNON)이라고 부르는데, 그 뜻은 "측량하는 막대기"로서 성경이 가장 근원적이고 권위 있는 하나님의 말씀이라는 뜻이다.

1. 신약의 정경성에 대한 주장

가. 사도들의 주장: 이 신약성경을 정경이라고 인정하는 기록들이 많이 있다: 고전 2:7-13, 14:37, 살전 2:13, 계 1:2, 벧후 3:15 등.

나. 초대교부들의 주장: 클레멘트, 폴리캅, 이그나시우스 등의 교부들이 그들의 문서에 신약성경을 많이 인용하고 있다.

2. 수집, 편찬과정

인쇄술도 발달되지 않고 교통수단도 불편하였던 그 때에 이 모든 정경을 한꺼번에 수정, 정리하기는 어려운 일이었을 것이다.

가. 무라토리안 성서단편집
170년경 로마에서 만들어졌다. 히브리서, 베드로전후서, 야고보서가 생략되었다.

나. 고대시리아역
2세기 중엽에 만들어진 것으로서 야고보, 베드로전후서, 요한 1, 2, 3서, 유다서, 요한계시록이 생략되었다.

다. 고대 라틴역
2세기 중엽에 만들어진 것으로 히브리서, 야고보서, 베드로후서가 생략되었다.

라. 알렉산드리아 오리겐

　　알렉산드리아의 기독교 학자인 〔　　　〕은 그의 전 생애를 성서연구에 헌신한 사람인데 그는 지금 우리가 사용하고 있는 신약성경 27권을 다 정경으로 인정했다.

3. 신약성경의 정경화

　　이와같이 성경편찬과정에 있어서―정경으로 결정하는 단계에―서로 의견의 차이도 있었으나, 4세기 초기에 〔　　　〕 대제가 〔　　　〕을 내릴 때까지는 공공연하게 합리적으로 서로 의논하며 정경을 결정지을 수가 없었다. 특히 300년간의 무자비한 핍박하에서는 거의 불가능한 일이었다.

　　가이사랴의 감독이며 교회 역사가인 〔　　　　〕가 콘스탄틴 대제의 수석 종교고문으로 있을 때에 콘스탄틴 대제가 유세비우스에게 명령하여 성서를 송아지가죽에 50부 사본으로 만들라고 하였다. 그 때 만든 성경이 바로 지금 우리가 쓰고 있는 신약성경 27권과 똑같은 내용의 것이었다.

　　현재 27권의 신약성경의 채택은 주후 397년에 〔　　　〕 회의에서 이루어진 것이다. 이 정경들 외에도 외경이라 불리는 것들이 있는데, 주로 2세기에 나타나기 시작한 전설이고, 위조된 복음, 사도들의 행적과 편지를 말하며, 정경 속에 포함되지 않은 채 읽혀온 것들이다.

4. 신약성경의 구분

　　가. 복음서(4): 마태, 마가, 누가, 요한

나. 역사서(1): 사도행전

다. 서신(21):

　(1) 바울서신(13):

　　· 교리서신(4)―로마서, 고린도전후서, 갈라디아서

　　· 옥중서신(4)―에베소서, 빌립보서, 골로새서, 빌레몬서

　　· 목회서신(3)―디모데전후서, 디도서

　　· 일반서신(2)―데살로니가전후서

　(2) 사도서신(8)―히브리서, 야고보서, 베드로전후서, 요한일·이·삼서, 유다서

라. 예언서(1): 요한계시록

5. 성경에 관한 흥미 있는 참고 내용들

· 신·구약 총장수는 1,189장이며, 구약이 929장이고 신약이 260장이다.

· 구약성경의 가장 중간 성경은 잠언이고, 신약의 가장 중간 성경은 데살로니가후서이다.

· 구약의 가장 가운데 장은 욥기 29장이고, 신약의 가장 가운데 장은 로마서 13장이다.

· 성경 중에서 가장 긴 장은 시편 119편이고, 가장 짧은 장은 시편 117편이다.

· 신·구약 성경은 모두 31,173절로 되어 있다(구약이 23,214절, 신약이 7,959절).

· 구약은 모두 592,439단어로, 신약은 181,253단어로 되어 있다.

제 9 과 성경의 형성사 이해에 대한 자기 평가표

청지기로서 성경을 이해하는 데 도움이 될 수 있도록 성경의 형성사를 공부했습니다. 공부하고 난 후의 느낌에 대해서, 당신이 이 장을 공부하기 이전에 성경에 대해 어떤 태도를 가졌는지를 서로 비교하며 다음 사항을 기록해 봅시다.

1. 이 과에서 배운 내용 중에서 가장 인상적인 것은?

2. 이 과에서 배운 내용 중에서 가장 이해할 수 없는 부분은?

3. 나는 성경을 무엇이라고 정의할 것인가?

4. 성서문헌에 대한 내용인데, 맞는 것끼리 줄로 연결하시오.

제이문서 ·   · 제이와 이가 하나로 편성된 것
이문서 ·   · 현재의 신명기와 비슷한 것
제이이문서 ·   · 주로 제사장들이 썼음
디문서 ·   · 남쪽 유다 왕국에 대한 관심을 집중. '여호와' 호칭 사용
피문서 ·   · 북쪽 이스라엘 중심 내용. '엘로힘' 호칭 사용

5. 다음 질문에 맞는 것을 O표 하시오.

모세오경이 아닌 것은: 시편, 창세기, 욥기, 민수기, 잠언

구약에 없는 것은: 모세오경, 복음서, 역사서, 서신, 예언서

신약에 없는 것은: 모세오경, 복음서, 성문서, 역사서, 서신, 예언서

6. 구약성경과 신약성경의 분류를 본인이 직접 할 수 있는가?
  (도움 없이 직접 써보시기 바랍니다)

더 이상의 내용을 원하시는 분은 직접 책을 읽고 연구하시거나, 교역자와 의논하세요.

제10과

자녀교육

- 자녀들에 대한 이해
- 성경이 가르치는 가정교육, 자녀교육
- 부모님께 드리는 구체적인 제안들

제10과 자녀 교육

훈련목표

자기 자녀를 성공적으로 교육하고 싶어하지 않는 부모는 아무도 없을 것이다. 그러나 서로 이해하지 못해서 아픔을 겪고 있는 것이 우리 가정의 실체이다. 이 과에서는 우리 자녀들에 대한 이해와 성경적인 교육법에 대해 소개하고자 한다.

청지기는 "자기 집을 잘 다스려 자녀들로 모든 단정함으로 복종케 하는 자라야 할지며(사람이 자기 집을 다스릴 줄 알지 못하면 어찌 하나님의 교회를 돌아보리요)"(딤전 3:4-5)라는 말씀을 늘 명심하고 생활해야 한다. 가정에서의 기독교교육은 하나님의 명령이다.

모든 부모님들은 자기 자녀를 성공적으로 교육하고 싶어하지만, 자기 자녀들의 변화와 성장과 언어를 파악하지 못해서 어려움을 많이 겪는 모습을 주변에서 쉽게 보게 된다. 그렇지만 자녀들과의 상담이나 대화를 통해서 발견되는 점은 많은 부모님들이 우리 가정은 예외라고 생각하는 점과, 우리 애들은 상관없는 것으로 착각하는 문제들이 일어난다는 것이다. 나는 이러한 경우가 가장 위험하다고 본다.

가. 세대차이(Generation Gap): 세대차이에서 오는 간격과 문제점들
나. 대화차이(Communication Gap): 가치관, 사고방식의 차이에서 오는 문제점들
다. 언어차이(Language Gap): 서로 말이 통하지 않아 갖게 되는 문제들

자녀들에 대한 이해

1. 어린이 이해

어린이들은 [   ]의 행동을 따라 하고, 같은 언어를 똑같이 사용한다.

가. 하나님의 말씀에 근거한 가치관형성, 인격형성의 중요성
- 가정은 어린이들이 인생의 기본 의미와 기본 미덕과 기본 자세를 배우는 첫 학교이다.
- 부모님들은 어린이들에게 인생의 기본 교육을 가르쳐주는 첫 교사들이다.
- 어린이들이 가정학교에서 부모 선생님에게 인생을 배우는 그 첫 몇 년 동안에 그들의 인격과 인생가치관이 거의 다 형성되어진다는 통계가 있다.
- 특히 현대 어린이들은 텔레비전의 영향을 너무 많이 받고 있으므로, 이에 대한 시급한 대책이 절대적으로 필요하다. 고등학교를 졸업할 때까지 텔레비전 시청시간이 평균 22,000시간이며, 이 시간은 학교 정규수업시간인 12,000시간의 두 배가 되는 시간이라고 한다.
- 특히 현대사회/이민사회에서 우리의 2세들이 당면한 문제는 더욱 시급하다. 그들 대부분은 주말 아버지와 파트타임 어머니를 갖고 있어 가정교육의 [   ]과 [   ]을 강조하지 않을 수 없다.

2. 청소년 이해

가. 청소년시기는 [   ]요, 가장 [   ]이다.
- 복음에 [   ]이다: 영국의 신자 전체의 75%가 14살 이전에 예수 믿기로 결심.

미국의 신자 전체의 85%가 4-15살에 예수 믿기로 결심.
- (   )을 할 시기이다: 대학진학 결정, 전공분야 결정, 연애대상자 결정, 종교 결정, 가치관 결정, 숭배인물 결정 등의 시기인데, 이런 중요한 결정을 하는 데 있어 부모가 그 방향설정을 하나님 말씀에 근거하여 도와주는 역할을 하여야 한다.
- (   )을 최대한 발휘할 시기이다: 성경에 보면 하나님께서 십대 청소년의 젊은이들을 많이 들어쓰셔서 큰 일을 하신 기록을 볼 수 있다. 요셉은 17살 때 보디발 가정의 총무가 되었으며(창 39장), 다윗은 청소년 시기에 왕으로 선택을 받았고, 다니엘은 청소년 시기에 포로가 되었다가 큰 인물이 되었고(단 1:4), 벤저민 프랭클린은 12-17살에 신문에 기고하기 시작했으며, 무디는 18살에 이미 유명한 설교가이자 부흥사가 되었다.
- 십대는 (   ) 기간이다: 이 기간에 모든 부도덕적, 비윤리적인 흐린 안개들을 의의 태양 빛으로 없애버리지 못한다면, 그 인생은 평생 흐린 날씨와 같은 불행한 인생으로 끝나고 말 것이다.
- 가장 (   ) 시기이다: 미국에서는 백만 명 이상의 청소년들이 매년 소년법정에서 재판을 받는다. 2백만 이상이 경찰에 체포를 당한다. 청소년 범죄율이 나날이 증가하고 있는 이 시대에 범죄율을 줄이는 방법은 가정에서 부모가 기독교교육으로 성실하게 가르치는 길밖에 없다.

3. 청소년들이 바라보는 부모님, 그에 따른 불만과 제안들

본 내용들은 미국 이민교회에서 부모와 자녀의 대화 세미나에서 나온 결과를 종합하여 요약한 것들인데, 미국에 있는 거의 모든 자녀들의 문제이며, X세대라고 자칭하는 한국 자녀들에게도 맞는 내용들이다. 더욱이 이제는 X세대를 지나 신세대, 즉 '다음 세대(Next Generation)' 라고 불리는 세대로 옮겨가고 있는데, 이 결과가 우리 자녀들의 의견이라고 생각해도 타당하다고 여겨서 소개한다.

가. 남학생들의 불만과 제안들
  (1) 부모님들의 의견과 결정을 자녀들에게 〔 　　 〕하지 말아 달라.
     자기들의 의사와 결정을 존중하여 주기 바란다.
  (2) 자녀들을 좀더 믿어주고 〔 　　 〕을 가져주기 바란다.
     너무 매사에 일일이 간섭하고 잔소리하는 것을 없애주기 바란다.
  (3) 규율을 세워놓고 그것을 끝까지 〔 　　　 〕 부모님들 자신이 지켜주면 고맙겠다.
     기분 나는 대로 원칙을 변경시키지 말았으면 좋겠다.
     이중인격자(Double Standard)가 되지 말아 달라.
  (4) 자녀들을 좀더 〔 　　 〕에서 이해해주기 바란다.
     특히 가치관과 사고방식이 다른 점을 이해해주면 좋겠다.
  (5) 부모님들도 〔 　　 〕을 버리고 실수와 잘못이 있을 때는 그것을 시인하고 사과할 줄 아는 용기를 가지기를 바란다. 위선적인 행위에 실망을 한다.
  (6) 우리에게 너무 〔 　　 〕를 갖지 말며, 그것을 〔 　　 〕하지 말기를 바란다.
     부모님의 기대와 청소년 자신의 능력과 현실이 서로 일치하지 못할 때, 비정상적인 행동을 하게 된다.
  (7) 다른 사람들의 〔 　　 〕(가십)을 우리들 앞에서 말하지 말기를 바란다.
     자녀들은 부모님들의 허물과 약점을 알고 있다.
  (8) 부모님들의 〔 　　 〕을 자녀들에게 화풀이로 하지 않기를

바란다.
　자기훈련과 자제가 필요하다고 본다.
(9) 현대에 대하여 좀더 많은 것을 배우려고 하는 자세를 가져주기 바란다.

나. 여학생들의 불만과 건의사항들
　(1) 너무 〔　　〕 규칙을 강요하지 말아 달라. 통행금지 시간, 파티 참석, 데이트 등
　(2) 너무 지나치게 우리를 〔　　　〕 취급하지 말고 필요 이상의 보호와 걱정을 말아 달라.
　(3) 〔　　〕에만 살지 말고 〔　　〕에 맞게 사고방식, 생활방식을 고쳐달라.
　(4) 너무 귀찮게 똑같은 소리를 계속 반복하는 잔소리를 고쳐달라.
　(5) 너무 〔　　　〕 책임을 주고 강요를 하지 말아 달라. 특히 첫딸의 책임이 너무 크다.
　(6) 너무 공부만 강요하지 말고, 〔　　　〕에 대한 이해를 넓혀 달라. 1등만 강요 말라.
　(7) 〔　　　　〕에 있는 우리를 너무도 이해하지 못하고 있다.
　(8) 〔　　〕인 벌(때리는 일)을 금해주기 바란다.
　(9) 우리의 〔　　　〕에 맞는 대학선풍을 할 수 있도록 우리의 의사를 존중해주시기를 바란다. 일류대학의 병폐를 없애주기 바란다.

성경이 가르치는 가정교육, 자녀교육

1. 가정교육에 대한 하나님의 명령

성경에는 〔   〕을 철저하게 하라고 부모님들에게 주시는 하나님의 명령들이 많이 있다.

- 잠언 22:6—"마땅히 행할 길을 아이에게 가르치라 그리하면 늙어도 그것을 떠나지 아니하리라."
  (그 나이에 해당하는 지·정·의가 균형 잡힌 교육)
- 에베소서 6:4—"아비들아 너희 자녀들을 노엽게 하지 말고 오직 주의 교양과 훈계로 양육하라."
- 골로새서 3:21—"아비들아 너희 자녀를 격노케 말지니 낙심할까 함이라."
- 잠언 23:13-14—"아이를 훈계하지 아니치 말라 채찍으로 그를 때릴지라도 죽지 아니하리라 그를 채찍으로 때리면 그 영혼을 음부에서 구원하리라."

2. 성경에 나타난 자녀교육의 예들

가. 자녀교육에 〔   〕한 〔   〕적인 부모님
 (1) 아브라함: 〔   〕의 본을 보여줌(창 22장)
   아들에 대한 지대한 관심과 사랑을 표함(창 24장, 이삭의 부인을 선택)
 (2) 여호수아: 가정의 〔   〕을 가지고 영적으로 인도함(수 24:13-16)
 (3) 욥: 자녀들을 위하여 그 이름을 불러가며 아침에 기도함(욥 1:4-5)
 (4) 모세의 어머니: 〔   〕을 시킴.

나. 자녀교육에 〔   〕한 부모님
  (1) 이삭과 리브가: 형제를 〔   〕하여 형제간의 〔   〕를 조성하였다. 리브가는 야곱에게 거짓말을 가르치는 실수를 범함(창 27장)
  (2) 야곱: 열두 아들 중에서 요셉을 특별히 〔   〕하여 형제간의 〔   〕를 조성함(창 37:3)
  (3) 엘리 선지자: 자녀교육을 〔   〕, 결국 자녀들이 범죄하게 되고 하나님으로부터 저주를 받게 됨(삼상 2:12-17, 22-25, 27-35, 4:11)
  (4) 사울왕: 아들 요나단에게 좋은 본을 보여주지 못하여 아들에게 충고를 받음(삼상 19:1-6)
  (5) 다윗왕: 자녀들에게 도덕적인 면에서 본이 못되어 그 아들들도 같은 죄를 범함(삼하 12:9-12, 16:20-22).

부모님께 드리는 구체적인 제안들

1. 부모님들이 지켜야 할 사항들

  (1) 부모님이 먼저 〔   〕이 있어야 한다(마 15:14, 신 6:18-19).
  (2) 입으로나 말로만 교육할 것이 아니라, 〔   〕의 몸을 보이면서 교육해야 한다(마 5:16, 고전 11:1, 롬 2:21-22, 빌 3:17, 벧전 5:3, 딤전 4:12).
  (3) 책망과 벌주는 것이 아니라, 〔   〕을 주면서 교육하라(벧전 2:14, 눅 19:17, 골 3:21).
  (4) 세상 지식으로가 아니라, 〔   〕으로 양육하라(잠 22:6, 신 6:6-7, 엡 6:4, 딤후 3:15).

(5) 내 지식과 내 힘만으로가 아니라, 〔   〕으로 하라(요 15:5, 빌 4:13).

(6) 내 의견과 내 주장 또는 내 욕심만을 강요하는 것이 아니라, 〔   〕을 존중하라(골 3:21, 롬 12:10).

(7) 부모의 〔   〕으로가 아니라, 〔   〕으로 하라(마 26:41, 요일 4:16, 살후 3:5).

(8) "너희를 위해서"가 아니라, "〔   〕"라는 자세로 하라(마 26:40, 46, 롬 16:2, 고전 16:10, 살전 5:13-14, 요일 4:16).

(9) 강요로서가 아니라, 〔   〕으로 하라(마 19:13-14, 요 8:1-11, 21:15-18).

(10) 자녀들의 잘못을 지적함으로써가 아니라, 〔   〕의 잘못을 〔   〕하고 사과하는 자세로 하라(마 23:26, 딤전 1:5).

2. 자녀교육에 필요한 부모님의 자세

(1) 자녀들의 이야기를 들어줄 줄 아는 〔   〕를 가져야 한다(약 1:19).

(2) 자녀들을 이해해줄 수 있는 〔   〕을 가져야 한다(마 26:41).

(3) 자녀들을 사랑해 주는 〔   〕을 가져야 한다(요일 3:18).

(4) 자녀들을 도울 수 있는 〔   〕이 있어야 한다(갈 6:2).

(5) 자녀들의 영혼을 얻기 전에 그들의 〔   〕을 먼저 얻어야 한다(빌 3:17).

3. 청지기 부모로서 실천해야 할 사항들

교회의 청지기로, 가정의 부모로서 다음 사항들을 매일 성실하게 실천해야 한다.

(1) 자녀들을 위해서 매일 〔   〕 기도하자.
　　성공한 자녀들의 뒤에는 부모님들의 눈물어린 기도가 있었다.
(2) 자녀들과 함께 〔   〕를 매일 드려라.
　　매일 하도록 권하며, 매일이 불가능할 때는 최소한 일주일에 한 번은 철저하게 해야 한다. 자녀들과 가까워지는 최선의 방법이고, 자녀와 함께 지내는 최소한의 시간이며, 가장 좋은 방법이다.
(3) 자녀들과 〔   〕하는 시간을 부모님들이 항상 많이 갖도록 노력하라.
(4) 자녀들이 하는 일에 조금 더 〔   〕을 보여 주라.
　　운동, 음악, 과외활동 등에 대해서 관심과 협조의 자세를 보여주어야 한다. 강요하는 것이 아니라 관심의 표현이 중요하다.
(5) 자녀들의 개인비밀, 인격을 존중하고, 절대로 〔   〕를 침해하지 말아야 한다.
(6) 〔   〕을 사용하라.
　　긍정적인 말, 건설적인 말, 칭찬의 말, 격려의 말, 진보적인 말, 자신 있는 말을 사용하라. 덕이 되는 말만 쓰고, 부정적이고, 파괴적이며, 비판·비난의 말, 절망의 말, 퇴보적인 말은 쓰지 않아야 한다. 그 말이 곧 자녀들의 사상을 주관하고, 그들의 사고방식이 그들의 생활로 나타나며, 곧 인생의 성공과 실패를 결정짓기 때문이다.
(7) 〔   〕을 닮아가는 가정의 기훈으로 삼으라.
　　예수님을 닮아가는 삶을 가정의 목표로 삼고, 자녀들에게 부모의 기대가 확실하게 전달되도록 하라.

　우리의 자녀들이 어디에 가서 무슨 일을 하든지, 머리가 되고 꼬리가 되지 않으며(정치적 축복), 꾸어줄지언정 꾸지 않으며(경제적 축복), 상좌에 앉고 말석에 앉지 않는(사회적 축복) 복을 받도록(신명기 28장) 노력해야 한다.

자녀를 위한 십계명

1. 자녀의 이야기를 끝까지 들어주는 귀를 가지라(약1:19).
2. 자녀를 이해하는 정신을 가지라(마 26:41).
3. 자녀를 사랑하는 마음을 가지라(요일 3:18, 삼하 18:33).
4. 자녀를 도와주는 손을 가지라(갈 6:2).
5. 자녀를 위하여 기도하는 무릎을 가지라(욥 1:5).
6. 자녀들의 영혼을 얻기 전에 그들의 신뢰와 존경을 먼저 얻으라(빌 3:16).
7. 지식보다는 지혜를 가르치라(잠 1:5).
8. 일이나 공부를 강조하지 말고, 즐겁게 하는 것을 가르치라(시 1:2).
9. 그들을 존중하는 자세를 갖자(엡 6:3-4).
10. 그리스도를 닮은 인격과 형상을 가지라(엡 4:13).

제 10 과 자녀교육에 대한 자기평가서

청지기로서, 자녀를 가진 부모로서의 자신을 솔직하게 채점하여 평가해 보시기 바랍니다.

1. 자녀들에 대한 이해심 (%)

	20	40	60	80	100
가. 자녀들의 신체변화를 잘 알고 있다.	20	40	60	80	100
나. 자녀들의 가장 친한 친구 이름을 알고 있다.	20	40	60	80	100
다. 그 친구들의 전화번호를 알고 있다.	20	40	60	80	100
라. 현재 제일 좋아하는 사람을 알고 있다.	20	40	60	80	100
마. 장래에 어떤 사람이 되겠다고 말했다.	20	40	60	80	100
바. 자녀들이 가장 많이 사용하는 단어를 알고 있다.	20	40	60	80	100

2. 자녀들의 의사, 인격에 대한 존중심

	20	40	60	80	100
가. 자녀들의 통금시간은 자녀들과 합의한다.	20	40	60	80	100
나. 자녀들의 방은 꼭 노크하고 들어간다.	20	40	60	80	100
다. 자녀들은 우리가 권하는 인생을 받아들인다.	20	40	60	80	100

3. 자녀들에 대한 사랑

	20	40	60	80	100
가. 자녀들에 대한 구체적인 사랑 표현(각종 기념일)	20	40	60	80	100
나. 자녀들과 함께 보내는 시간	20	40	60	80	100
다. 자녀들과의 깊이 있는 대화	20	40	60	80	100

4. 자녀들에게 본이 되는 생활(일반적인 생활)

가. 자녀들 앞에서 부부간의 언쟁(싸움)	20	40	60	80	100
나. 자녀들 앞에서 근심, 걱정의 표시	20	40	60	80	100
다. 자녀들과의 약속 이행	20	40	60	80	100
라. 자녀들의 프라이버시 존중	20	40	60	80	100
마. 자녀들 앞에서 남의 허물, 흉보는 일	20	40	60	80	100

5. 자녀들에게 본이 되는 생활(신앙생활)

가. 자녀들 앞에서의 교회 교사/지도자들에 대한 비난	20	40	60	80	100
나. 자녀들로부터 내가 받고 있는 신임도, 존경도	20	40	60	80	100
다. 자녀들과 함께하는 가정예배 혹은 QT	20	40	60	80	100
라. 자녀들과 함께 출석하는 정기예배, 정기모임 등	20	40	60	80	100
마. 청지기로서 각종 교회생활(헌금, 전도, 선교 등등)	20	40	60	80	100
바. 기타 신앙에 본이 되는 생활	20	40	60	80	100

제11과

교파의 유래

- 교회의 시작과 교파의 시작
- 신교의 각종 교파들

  장로교회

  감리교회

  성결교회

  침례교회

  순복음교회

  루터교회

  구세군

  그리스도의 교회

  개혁교회

  나사렛교회

제11과 교파의 유래

훈련목표

기독교 안에는 성경을 기반으로 하는 많은 교파가 존재하고 있다. 각종 이단들이 난무하고 있기 때문에, 이단이 아닌 기독교를 이해하는 것은 청지기로서 필수적이다. 이 과에서는 청지기들이 기독교의 각 교파를 이해하고, 이 교파의 유래와 특성과 그 발전과정을 역사적으로 살펴볼 수 있다.

교회의 시작과 교파의 시작

1. 초대교회 설립과 유대교와의 분리

교회의 시작, 곧 〔   〕이 언제인가를 묻는다면, 그 정확한 날을 대답하기는 곤란하다. 그러나 일반적으로 기독교의 창립일을 성령강림일, 곧 오순절날(예수께서 부활하신 후 7째 주일날: 사도행전 2장)로 생각하고 있다. 성령에 충만한 사도들의 설교를 들은 많은 사람들은 그들의 죄를 회개하고 예수를 믿기 시작했다. 그 숫자는 삼천 명이나 되었는데 그후 불과 며칠 사이에 약 5천 명의 신자를 갖는 교회로 성장했다. 그들이 계속 같은 징조에 따르는 성도의 가정들에 모여 사도의 가르침을 받으며, 찬양하며, 기도하며, 그리스도를 중심으로 성도들 간에 친교와 사랑을 나눔으로써 교회가 탄생하게 되었다.

오순절을 계기로 불일 듯이 일어난 기독교 운동은 사도들을 중심으로 그 복음이 각처에 퍼져나가게 되었다. 전통적인 유대교의 사상을 별로 어기지 않는 범위 내에서 모세의 율법을 충실하게 지키면서 초대교회는 크게 발전을 하였다. 그러나 보수적인 유대인들과의 대립이 생기게 되어 교회운동에 대한 박해, 핍박이 일어나기 시작했고, 극악한 핍박을 피하여 많은 성도들이 예루살렘을 떠나서 멀리 타지방으로 피신을 하게 되었으며(디아스포라), 그들이 가는 곳마다 복음의 씨를 심어 기독교를 전파하게 되어, 각처에 큰 교회들이 설립되었으며, 각처에 예배처소가 생기기 시작하여 초대교회들이 발전하였다. 초대교회는 유대교와 구분된 기독교(Christianity 즉 Christian Church)였다.

2. 로마 카톨릭교회

초대교회는 교파가 나뉘어지지 않은 하나의 교회로서, 각 지역에 지역교회를 세워서 지역전도와 이방선교를 담당하였고, 각 지역교회는 감독과 교부 등의 지도자들이 중심이 되어 교회로서의 사명을 다하고 있었다. 사도행전에 나타난 것처럼, 기독교는 유대교와 로마제국의 박해로 많은 고난을 당하다가, 〔   〕의 개종으로 로마의 국교가 되었다. 교회의 중심이 이스라엘에서 당초에 지리적으로나 정치적으로 중심이던 로마로 옮겨지게 되고, 정통이라는 뜻의 〔   〕교회라고 불려지게 되었다. 그러나 이 카톨릭교회는 차츰 세력을 뻗어서 온 유럽을 휩쓸고, 신앙생활뿐만 아니라 정치, 경제까지도 주관하게 되는 모순에 빠지게 되었다.

3. 〔   〕과 신교의 출현

신교의 기원은 〔   〕의 〔   〕에서부터 시작되었다. 1517년 마틴 루터가 카톨릭교회의 부패상을 지적하고, 특히 교리적으로 잘못된 점을 지적하며 투쟁을 벌여 마침내는 종교개혁을 단행하기에 이르렀으며, 이렇게 카톨릭교에 도전하고 반항하는 이 신교의 무리들을 가리켜서 "반항자들"(Protestant 프로테스탄트)이라고 부른 것이 오늘날까지도 신교라는 이름으로 불리게 된 것이다. 즉 로마 카톨릭의 권위로부터 자유를 얻어 양심의 명령에 따라 성서에 근거를 두고 하나님께 올바른 예배를 드리며, 특별히 믿음으로 의롭게 된다는 복음에 근거를 두고 종교혁명을 단행하기에 이른 것이다. 그리하여 오늘날에는 구교(카톨릭)와 신교(프로테스탄트: 기독교)와의 큰 두 주류로 갈라져서 기독교가 세계 각처에서 발전하고 있다.

신교의 각종 교파들

종교개혁 이래 수없이 많은 교파가 파생하게 되었으며, 각 교파마다 그 창시자가 자기 나름대로의 중요한 교리를 강조하게 되었으며, 특히 그 교회 행정, 정치체제에서도 각기 특색을 가지고 있다. 그 수많은 교파를 다 다룰 수는 없지만 그 중에서 한국에 뿌리내린 대표적인 교파 몇 개를 소개하고자 하는데, 한국에서는 전통적으로 장감성(장로회, 감리회, 성결교회)이라고 불렀기에 그 순서를 따른다.

1. 장로교회

가. 기원

16세기의 종교개혁 시대에 프랑스의 법률 및 신학자인 〔   〕의 주장에 의해 설립되었다. 칼빈은 그 당시 로마 카톨릭교회의 형식주의에 싫증이 나서 종교의 자유를 찾아 고국을 떠나 제네바로 망명하였다. 그는 〔   〕의 신교사상 중에도 찬성하지 못할 것이 많음을 알고, 자기 자신의 신학체제를 확립하여 그 세력을 뻗어나갔다. 그 후 16세기 종교개혁 시대에 나타난 칼빈의 장로제도의 교회가 설립됨으로 더욱 그 기초를 튼튼히 했다. 하나님의 절대주권 사상을 강조하고 인간의 전적타락, 무조건 선택, 제한속죄, 불가항력적 은혜, 궁극적 구원으로 요약되는 칼빈의 신학사상을 따라 세워진 교회이다. 프랑스에서는 유구노파, 네덜란드에서는 〔   〕(Reformed), 영국교회에서는 영국장로교파 교회, 스코트랜드에서는 존 낙스를 중심으로 하는 〔   〕 교회가 생겼다. 1643년에 웨스트민스터회의를 개최하고 신조를 만들었다. 영국의 크롬웰이 죽자 영국은 군주정치로 복귀되고 청교도들은 미국으로 피난, 1683년에 미국에 장로교회를 설립했다. 우리 나라에는 1885년 미국 북장로교회의 선교사 〔   〕가 처음으로 들어와 장로교회를 세웠다.

나. 장로교의 세계적인 분포

1560년에 프랑스에서는 2,000여 교회가 설립되었고, 네덜란드에서는 네덜란드 개혁교회가 설립되었고, 영국에서는 영국 장로교회가 탄생, 스코트랜드에서는 존 낙스를 중심으로 한 장로파 교회가 생겼다.

다. 미국 장로교회의 시작

영국에 군주정치가 복귀되자 신교에 대한 핍박이 일어났는데, 이를 피해 영국 장로파와 교인들이 청교도들과 함께 미국으로 가게 되었다. 미국에서 처음으로 설립된 장로교회는 버지니아에 있었는데 1611년에 알렉산더 휘테커 목사가 처음으로 임명을 받아 설립하였다.

라. 〔   〕 신앙고백서

장로교파의 교리의 기초가 되는 〔   〕 신앙고백서가 1643년에 열린 웨스트민스터 회의에서 채택(대, 소 교리문답, 공중예배에 대한 규범, 정치의 형식 등)되었는데, 이것은 칼빈주의의 5가지 요점으로 이루어진 것으로서, 스코트랜드, 영국, 미국 등지의 장로교의 교리의 표준이 되고 있다. 1729년에 장로교회의 지도자들이 모여서 총회를 열고, 웨스트민스터 신앙고백과 대, 소문답을 정식으로 채택할 것을 결의하였다.

마. 조직

장로교 조직에는 두 가지 기본 요소가 있다. 그것은 그리스도의 대리자로서 말씀을 맡아서 가르치며 설교하는 장로인 목사와 일반교우의 대표자로서 교회를 치리하는 치리장로이다. 행정제도는 제직회, 당회, 노회, 총회가 있다.

(1) 제직회—목사, 장로, 권사, 집사, 권찰 등으로 구성되며 교회의 재정, 구제 및 영적사업을 실제적으로 담당하여 나간다.

(2) 당회—목사와 장로로 구성되며, 예배, 권면, 징계에 대한 사항, 학습, 세례 및 기타 신령한 제반 사항을 다룬다.

(3) 노회—일정한 지역 안에 있는 모든 목사와 당회에서 총회로 파송한 치리장로로 구성되며, 지교회에서 제출한 보고, 안건들을 심사하고 처리한다.

(4) 총회—장로회의 최고 기관으로서 교리와 교회지도에 관한 방침을 세우고 헌법을 제정 또는 개정한다.

바. 교리 및 신조
 (1) 각 사람의 구원은 그리스도 안에 있어서 하나님의 절대적인 주권으로 이루어진다.
 (2) 각 신도의 구원은 영원하고 거룩한 하나님의 뜻의 일부이다.
 (3) 구원은 하나님이 주시는 신령하신 은사이며, 믿음에 대한 상급이다.
 (4) 중생은 유일하신 하나님의 역사이시다.
 (5) 한 번 참으로 구원을 받은 자는 언제나 구원받은 자로 있다.

2. 감리교회

가. 기원

 18세기 초에 이르러 영국 종교계는 극도로 부패하여 나날이 속화되었다. 이 때에(1729년) 교회의 부패상을 보고 개탄하던 〔   〕는 옥스퍼드 대학을 졸업하고 장로가 된 후에 모교로 돌아와서 자기 동생 찰스 웨슬리 및 그 외 몇몇 신앙의 동지들과 신성클럽(Holy Club)을 조직했다. 그는 성결한 생활의 규약을 제정하고 엄중히 지키는 한편 성경과 신학연구에 힘쓰며 빈민, 병자 또는 죄수들을 심방하여 그들을 위안하고 전도를 하였다. 그 때에 그 주위에 있던 사람들이 그들이 너무도 규칙적으로 일하는 것을 보고 〔   〕(Methodist)라는 별명을 붙여주었다.
 이와 같은 영국교회 내의 혁신운동은 점차 크게 퍼져서 1740년에 남자 26명, 여자 48명의 회원을 기축으로 감리교회협회(Methodist)를 조직하였다. 그 후에 1744년에 메서디스트 회원들이 런던에 모여 앞으로의 복음전도사업을 협의하였으니, 이것이 감리교파의 최초 연회라고 볼 수 있다.

나. 미국에서의 감리교 시작

　　1766년 웨슬리파 전도사들이 미국으로 가서 전도하기 시작하였다. 그 후에 1784년에 이르러 분리되어 남감리교회가 조직되었다. 감리교는 주로 교회행정상의 문제로 갈라지게 되었다.

다. 교리 및 신조
 (1) 인간을 위한 하나님의 은혜는 우주적이며 무차별한 것임을 믿는다. 하나님은 모든 사람을 구원하시기 원하시며, 예수께서는 모든 사람을 구원하시기 위하여 십자가에 달려 돌아가셨다. 그리고 모든 죄인들을 구원의 길로 부르신다.
 (2) 하나님은 구속이나 정죄를 강요하시지 아니하신다. 하나님의 은혜는 값없고, 모든 사람에게 공평하게 주신다. 그러나 은혜를 받아들이고 안 받아들이고는 사람에게 달려 있다.
 (3) 그리스도인의 완전을 위하여 도덕적 생활을 강조한다.
 (4) 자기의 구원에 대하여 성신의 확증을 요구하며, 또 확실한 증거를 얻을 수 있다고 믿는다(칼빈주의: 사람이 구원을 받고 못 받고는 하나님만 아시므로 사람은 하나님의 능력에 대하여만 생각하고, 우리의 구원에 대하여는 생각하지 않는 것이 좋다).
 (5) 원죄는 믿지만 인간의 완전타락은 믿지 않는다(장로교: 완전타락설 주장). 그러므로 (　　　) 그리스도만 믿으면 구원을 얻는다.
 (6) 믿음으로 구원을 얻으며, 믿음으로 의롭다하심을 받는다.

라. 조직
　　감독을 중심으로 중앙집권제 조직을 가지고 있다.
 (1) 감독―총회에서 투표로 선거하며, 총회와 연회를 사회하며, 감리사,

목사, 전도사 등을 임명하며, 교회 전반사업을 총괄한다.
(2) 연회―각 지방교회의 담임목사와 평신도 대표들이 1년에 한 번씩 모이는 모임으로서 각 보고를 접수하여 이를 해결하고, 감독이 목사 파송을 한다.
(3) 직원―목사, 속장, 유사, 탁사 등이 있는데 장로교로 말하면 속장은 구역장, 유사는 회계, 탁사는 교회부동산관리직원이다.

마. 교세

세계에서 제일 큰 교파 중의 하나이며 현재 40여 개 국에 감리교회가 있다.

3. 성결교회

가. 기원

일정 때 한국인 유학생 정 빈, 김상준 씨가 일본에 선교사로 나와있던 카우만 씨와 킬보른 씨 등에 의해 교인이 되어 1904년 일본에서 동양선교회 성경학원을 설립하고 전도활동을 하다가 한국에 귀국하여 동양선교회 복음전도관으로 전도를 시작했다가, 1922년에는 동양선교회 성결교회라는 이름으로 교회를 조직하고, 그 후에 [   ]로 이름을 고쳐 현재에 이르고 있다. 성결교회는 일제 하에서(1940년) 일시적으로 일본에 의해 [   ]되었던 역사도 갖고 있다. 현재는 기독교대한성결교회(기성)와 예수교대한성결교회(예성)로 갈라져 있다.

나. 교리와 신조

중생, 성결, 신유, 재림이라는 〔   〕의 전도표제가 특징이다.

다. 조직 및 행정

일반성도의 신앙양심을 기초로 한 회중제도를 채택한다. 예배는 인간이 하나님께 드리는 최고의 행위이므로 모일 때마다 엄숙하고 경건한 예배를 드릴 것을 강조하고, 건전한 지와 성결한 정과 견실한 의지에 기초하는 균형잡힌 신앙을 강조한다.

라. 직원

목사, 전도사, 전도인, 장로, 안수집사, 집사, 권찰 등이 있으며, 당회와 직원회가 있고, 온 교회 신자로서 구성되는 사무총회(공동의회)가 있어 그 곳에서 직원선출, 예산통과 및 연중행사 등을 토의한다.

4. 침례교회

가. 기원

본국의 핍박에 못 이겨 네덜란드 암스테르담으로 망명해온 영국 분리파두(비영국교도)들의 한 무리가 본래 영국목사인 요한 스미스 목사 지도 아래 처음으로 침례교회를 1608년에 설립하였다. 그 곳에 이미 설립하였던 메노나이트파와 교리나 주장하는 바가 같아서 서로 통합하려고 하였으나 이에 반대하는 토마스 훼일스와 그 동지들이 함께 1612년에 영국으로 돌아가서 같은 해에 런던에서 침례교회를 설립하였다.

나. 교리 및 신조
 (1) 각 교회는 독립하여야 한다.
 (2) 교회와 국가는 완전히 분리되어야 한다.
 (3) 모든 신앙문제에 있어서 종교적 자유가 있어야 한다.
 (4) 교회는 그리스도를 따르는 중생한 사람으로 구성된다.
 (5) 유아세례는 비성경적이므로 실시하지 않는다.

다. 조직 및 행정
 목사, 집사, 이사, 회계 등이 있으며 장로가 없는 것이 특색이다. 다른 교회에서 세례를 받은 분이 침례교인이 되려면 다시 재침례를 받아야만 한다. 침례교회에서는 세례를 인정하지 않고 물 속에 잠기는 침례의식만을 인정한다.

5. 순복음교회

 순복음교회라는 이름으로 불려지는 교파는 사실 세 가지 정도로 생각하면 된다.

가. 오순절교회(Pentecostal Church)
 오순절교회는 원래 불세례성결교회(Fire-Baptized Holiness Church)로 불렸는데, 1911년부터 오순절교회로 개칭하고 현재에 이르렀다. 오순절교회는 신비주의 경향의 신앙을 가진 감리회나 침례교회에서 들어온 신도들의 모임으로부터 시작되었다. 이들은 (1) 삼위일체 교리와 원죄, 그리스도의 속죄 구원, 그리스도의 동정녀 탄생, 그리스도의 신성과 성경의 무오설들을 믿으며, 특히 성령의 역사를 크게 강조한다. (2) 손뼉을 치면서 열정적인 예배를 드리며, (3) 방언을 사모하고, (4) 전신침례를 시행하며, (5) 성찬식 때 세족식을 거행한다. (6) 감리교회의 감독주의 정치를 실천하고 있다.

나. 하나님의 성회(Assemblies of God, General Council)

하나님의 성회는 맹렬한 전도사업 계획을 전 미국에 펼치기 위해서 오순절교회 목사들과 복음주의 목사들이 모여 1914년에 조직한 것이다. 그들은 진화론을 반대하는 열렬한 근본주의자라고 하였으나 알미니안 주의를 그들의 신학으로 삼는 신비주의자들이었다.

그들이 주장하는 신조는 (1) 사람은 타락하였으나 그리스도로 말미암아 속죄되었다. (2) 성령의 세례와 방언의 은사를 강조한다. (3) 신유의 은사를 믿는다. (4) 전쟁을 반대한다. (5) 목사는 반드시 방언할 수 있다고 믿는다. 우리 나라에는 1947년에 이 교파의 선교사가 들어와서 지금까지 계속 활동하고 있다.

다. 하나님의 교회(Church of God)

하나님의 교회는 미국에서 일어난 신비파에 속하는 교회이다. 미국에는 "하나님의 교회"라는 이름을 가진 독립교회가 200개 이상이나 된다. 독립교회이지만 행정적으로는 서로 연락을 취하고 있으며, 그 본부가 설치되어 있다. 그들의 특징을 간추리면, (1) 성령세례와 성령강림을 동경하며, (2) 오순절 성령강림을 동경하며, (3) 알미니안 신학을 따르며, (4) 침례와 성찬, 세족, 성례를 시행하고, (5) 안수목사와 임명목사를 따로 세우고, 또다시 설교목사, 전도목사, 권면목사로 세 등분한다.

6. 루터교회

가. 기원
16세기 루터의 종교개혁 당시에 창설되었다고 할 수 있다.

나. 종교개혁의 강조점
새로운 교파를 만들기 위해서 창설되었다기보다는, 그 당시 로마 카톨릭교회의 극도로 의식적이며 형식적인 종교활동을 혁신하고, 믿음으로 의롭다하심을 얻는다는 성경말씀을 기초로 한 복음주의적인 종교운동을 전개시킨 것이 그 동기가 되어 나중에는 루터교라고 하는 하나의 색채 있는 교파로 발전하게 되었다.

다. 루터교회의 세계적인 분포도
발상지인 독일에서 시작하여, 폴란드, 러시아, 체코슬로바키아, 프랑스, 오스트리아, 헝가리, 유고슬라비아, 네덜란드 등지로 퍼져 나중에는 덴마크, 노르웨이, 스웨덴, 핀란드 등지의 국교가 되었다.

라. 미국 루터교회의 시작
1623년 뉴욕 맨해튼 섬으로 이주한 네덜란드인에 의하여 소개되었다. 그 후 1674년에 루터교도들이 완전히 자유를 얻어 발전을 하게 되었다. 유럽에서는 루터교회가 상당한 지위를 차지하고 있고, 미국에서는 신도수가 침례교, 감리교에 다음가는 대 교회이다.

마. 조직과 정치
그 정치는 회중주의이지만 그 행정과 결정에 있어서는 대의정치이다. 직원에는 장로, 집사 또는 이사를 두고 교회를 운영한다.

바. 중요한 교리와 신조

사도신경, 니케아 신조, 루터교의 대·소교리문답 등 신조를 기초로 하며 다음의 몇 가지 교리를 강조한다.
(1) 믿음으로만 구원을 얻을 수 있다.
(2) 하나님의 말씀인 성경만이 믿음의 표준이요 근원이 된다.
(3) 성찬은 단순한 기념뿐만 아니라 하나님의 은혜를 받는 방도가 된다.
(4) 세례는 성령께서 주시는 중생의 은사를 받게 하는 것이다.
(5) 유아세례는 정당하며 합당한 것이다.

사. 루터교회와 개혁교회와의 큰 차이점

루터교회에서는 세례에 의한 중생을 믿으며(세례는 구원을 받는 데 필요하다고 강조함), 성찬은 그리스도의 살과 피가 떡과 포도주와 함께 있다고 믿으며, 그리스도의 신성은 인성에 부여된 것임을 주장하며, 하나님의 은총에서는 타락할 수 있으나 구원은 만민에게 보편적이라고 믿는다.

7. 구세군(The Salvation Army)

영국의 감리교 목사였던 윌리엄 부스(William Booth)가 1858년에 런던의 빈민굴에서 전도를 시작해 발전케 된 교단이다. 불량한 사람들이 크게 회개하고 돌아왔으며, 체험적인 간증 발표를 통해서 많은 경건한 신자가 생겨났다.

윌리엄 부스 목사가 구세군의 초대 대장이 되었으며, 런던에 구세군 사관학교를 설립하였으며, 1912년에는 구세군운동을 59개국에서 전개하는 놀라운 성과를 올렸다. 우리 나라에는 1908년에 영국 사관 호가드 정령에 의해서 선교되었다.

(1) 구세군의 특별한 교리나 신조는 없다.
(2) 구세군의 정치를 보면, 대장이 구세군을 통솔하고 군대적 조직을 채용한 개인의 자유와 기회의 균등을 도모하며, 복장을 통일한 군대식 활동을 한다.
(3) 구세군의 목적은 교회를 꺼려하는 불신자들에게 노방전도를 실시하여 구원을 얻도록 하는 데 있다. 그들은 다른 사람을 구원하기 위해서 구원을 받은 군병으로서, 절제와 극기, 봉사를 통한 경건한 단체 생활에 힘쓴다.
(4) 집집마다 방문하여 문서 전도에 주력하며
(5) 어린이와 여자의 사회적 지위를 남자와 동등하게 인정하며
(6) 사회사업에 힘써 직업소개, 탁아소, 감화원, 조산원, 병원, 맹아원, 모자원, 급식소 등을 설치 운영한다.

8. 그리스도의 교회(Disciples of Church)

성경만을 신조로 삼는 개신교회를 가리키는데, 1801년에 미국 켄터키주에서 스톤(Stone) 목사가 세운 교회이다. 1792년에는 감리교 감독의 권한에 반대하는 버지니아의 제임스 오케리 목사가 가담했으며, 1800년에는 침례교에서, 1807년에는 아일랜드의 장로교회에서 건너온 사람들로 구성, 성경을 유일한 표준으로 삼았던 초대교회의 운동으로 돌아가자고 주장했다. 그들의 특징을 살펴보면,

(1) 교회정치는 회중정치를 채택했으며
(2) 교회에서 사용하는 모든 말은 성경에 사용된 말만 골라서 하도록 하고,
(3) 침례를 시행하고
(4) 교리문답은 "예수가 하나님의 아들이심을 믿느냐?"라고만 묻는다.
(5) 주일마다 성찬식을 베푼다.

9. 개혁교회

가. 기원

종교개혁 시대에 즈윙글리(Zwingli) 및 존 칼빈의 감화와 영향을 받고 건설된 장로주의 교회로서 특히 네덜란드에서 1563년에 설립되었다.

나. 세계적인 분포

미국으로 이민간 사람들에 의하여 1755년에 독립된 미국개혁교회파가 생겼고, 독일, 스위스, 프랑스에 이민간 사람들도 그 곳의 네덜란드 개혁교회에 속하여 있었으며, 나중에(1846년과 1867년에) 미국으로 이민간 네덜란드인들은 미국개혁교회와 합치지 못하고, 따로 미국 기독개혁교회(American Christian Church)를 만들었다.

다. 미국 내의 교세

미국 내의 개혁교회 수는 약 760개이며, 교인수는 약 20만 가량이다. 일찍부터 외국선교를 강조하여 중국, 남인도, 일본, 아라비아, 메소포타미아 등지에서 전도사업을 하고 있다.

라. 조직과 정치

일반적으로 칼빈주의 신조를 신봉하고, 장로주의 제도를 채용한다. 교회의 위원들이 선출한 목사, 장로, 집사로 구성된 제직회에서 교회를 총괄하며, 목사와 장로는 주로 영적인 면만을 취급하고, 집사는 재정적인 면을 맡아본다.

마. 교리와 신조

장로교회의 기본교리와 비슷하며, 그 외에 개혁교회에서 채택한 신조들을 가지고 있다. 벨지움 신앙고백, 하이델베르크 교리 문답이 있다.

바. 성례

유아세례를 인정하며 세례를 받아야 교인의 자격이 부여된다. 성찬식을 거행하며 이 성찬에 그리스도께서 영적으로 실재하심을 강조한다.

10. 나사렛교회(Church of the Nazarene)

18세기 존 웨슬리가 주장한 성화의 교훈에 따른 경건주의 운동의 결과로 생긴 가장 큰 교파이다. 1980년에 처음으로 중앙복음 성결교회라 부르기 시작하여 여러 번 교회이름을 고치다가 1919년에 나사렛 오순절 교회의 '오순절' 이란 말을 빼고, 나사렛교회라고 정식으로 고쳐 부르기 시작했다. 나사렛교회의 특징은 (1) 웨슬리 신학에 기초를 둔 감리교파로서, (2) 성화의 체험을 강조하고, (3) 성경의 완전영감, 그리스도의 속죄, 의인, 중생, 회개를 통한 양자, 신유, 재림, 부활, 최후의 심판을 믿으며, (4) 정치는 감리교의 감독정치를 따른다.

제 11 과 교파의 유래에 대한 자기 평가표

1. 아래의 보기에서 개신교에 속하는 것과 이단에 속하는 것을 구분하라.

가. 개신교에 O표를 하라.

천주교회, 동방정교회, 장로교회, 성결교회, 영국성공회, 감리교회, 통일교회, 나사렛교회, 유대교, 그리스도의 교회, 몰몬교, 루터교회, 여호와의 증인, 순복음교회, 침례교회, 개혁교회, 구세군.

나. 이단에 O표를 하라.

천주교회, 동방정교회, 장로교회, 성결교회, 영국성공회, 감리교회, 통일교회, 나사렛교회, 유대교, 그리스도의 교회, 몰몬교, 루터교회, 여호와의 증인, 순복음교회, 침례교회, 개혁교회, 구세군.

다. 타종교에 O표를 하라.

천주교회, 동방정교회, 장로교회, 성결교회, 영국성공회, 감리교회, 통일교회, 나사렛교회, 유대교, 그리스도의 교회, 몰몬교, 루터교회, 여호와의 증인, 순복음교회, 침례교회, 개혁교회, 구세군.

2. 다음에서 장로교회를 설명하는 것이 아닌 것에 O표를 하라.

침례, 장로제도, 웨스트민스터 신앙고백, 칼빈, 사중복음, 언더우드, 감독제도, 존 낙스, 전적타락, 무조건 선택, 유아세례, 헌아식, 제한속죄, 불가항력적 은혜, 궁극적 구원, 아펜젤러, 감리사, 사무총회.

3. 다음에서 감리교회를 설명하는 것에 O표를 하라.

침례, 장로제도, 웨스트민스터 신앙고백, 칼빈, 언더우드, 감독제도, 존 낙스, 전적타락, 무조건 선택, 제한속죄, 불가항력적 은혜, 궁극적 구원, 아펜젤러, 감리사, 사무총회, 사중복음, 권찰, 유아세례, 헌아식.

4. 다음에서 성결교회를 설명하는 것에 O표를 하라.

침례, 장로제도, 일본에 의해 교회가 폐쇄되었었음, 웨스트민스터 신앙고백, 존 낙스, 언더우드, 감독제도, 전적타락, 아펜젤러, 감리사, 사무총회, 사중복음, 김상준, 권찰, 동양선교회 복음전도관.

5. 침례교회의 독특한 교리는 무엇인가?

침례, 장로제도, 웨스트민스터 신앙고백, 칼빈, 언더우드, 감독제도, 존 낙스, 전적타락, 무조건 선택, 제한속죄, 불가항력적 은혜, 궁극적 구원, 아펜젤러, 감리사, 사무총회.

6. 순복음교회를 설명하는 것에 O표를 하라.

선택된 구원, 불세례운동, 장로제도, 감독제도, 신유의 은사, 오순절 성령강림.

7. 다음 중에서 한국에 있는 개신교의 교파는?

장로교회, 언약교회, 루터교회, 감리교회, 연합선교교회, 성결교회, 구세군, 침례교회, 나사렛교회, 순복음교회.

제12과

비교종교 이해

· 로마 카톨릭교회
· 유대교
· 이슬람교
· 불교
· 힌두교

 제12과 비교종교 이해

훈련목표

이 세상에는 수많은 종교가 있다. 무속신앙으로부터 여러 종교에 이르기까지 그 종류는 다양하다. 이 과에서는 크게 5종교에 대해 알아보고자 한다. 본문을 통해 우리가 믿는 하나님에 대한 믿음이 더욱 굳어지기를 바란다.

이 세상에는 여러 가지 종교가 많이 있다. 이단이나 신흥종교는 제외하고라도, 그 외에 종교로 인정받고 수많은 신봉자를 가지고 있는 종교들이 많이 있다. 내가 믿고 있는 기독교만 알고 다른 종교에 대해서 무시하게 되면, 전도하는 데 크게 불편과 어려움을 느끼게 되며, 또한 내 자신의 믿음을 지켜 나가는 데도 의혹이 생기기 쉽다. 현재 세계에서 인정하고 있는 5대 종교에 대하여 간단하게 공부하고자 한다.

로마 카톨릭교회(Roman Catholicism)

현재 세계 인구의 6분의 1에 해당하는 약 6-7억에 가까운 신자를 가지고 있다.

1. 카톨릭교회의 발전

가. 베드로가 최초의 〔　　〕이라고 주장하며(마 16:28 참고), 그 후의
〔　　〕들이 그 후계자라고 주장하고 있다.

나. 로마 〔   〕 황제가 4세기에 기독교로 개종하면서 기독교를 〔   〕로 선포하고 주후 445년에 야심이 많고 활동적이었던 〔   〕가 자기 스스로를 사도 베드로의 〔   〕로 선언하고 있다. 그는 '왕국의 열쇠'를 맡게 되었다고 주장하며 자기가 지상의 모든 그리스도인의 "아버지, 교황"이라고 선언하였다(교권주의 주장).

다. 그 후 로마의 그레고리 주교가 이 교황의 위치를(교권주의 확립) 확고하게 이루었으며(주후 590년), 〔   〕을 중심으로 하는 〔   〕의 지도자들은 이 그레고리 주교의 교권에 계속 도전하였다.

2. 로마 카톨릭교회와 동방교회와의 분리

주후 1054년에 〔   〕을 중심으로 하는 〔   〕와 〔   〕를 중심으로 하는 〔   〕가 분리되었다. 즉, 동방교회의 대사원인 콘스탄티노플교회가 로마 교황 레오 9세로부터 탈퇴함으로써 동방교회(동방정교)와 서방교회(   )가 분열되어 각기 발전하게 되었다.

3. 구교(카톨릭)와 신교(기독교)의 분리

주후 1547년에 카톨릭교회의 〔   〕를 지적, 그 교권에 반대를 선언한 〔   〕가 〔   〕을 단행하여 지금의 신교가 탄생하게 되었다.

4. 카톨릭교회의 주장

카톨릭교회는 다음과 같은 사항을 강력히 주장하고 강조하고 있다(마 16:18-19말씀에 근거를 두고 있다).

가. 그리스도 교회는 베드로 위에 세워졌다.

나. 로마 지교회의 최초의 주교로 베드로가 임명되었다.

다. 베드로가 후에 로마에서 그의 후계자 주교들에게 '천국 열쇠'를 인계하였다.

라. [   ]만이 예수 그리스도께서 세우신 '참된 교회'이다.

마. [   ]만이 성서를 올바로 해석할 수 있는 권한을 소유하고 있다(처음에는 평신도는 성경을 읽을 수가 없게 되었으나 지금은 자유가 부여되었다).

바. 카톨릭교회를 떠나서는(카톨릭교회 밖에는) [   ]고 강조한다.

5. 카톨릭교회와 기독교가 교리적으로 크게 다른 점

가. 구원론

신교와 카톨릭교회는 구원의 근본적인 조건이 믿음이라는 점에서는 일치하나 카톨릭은 믿음으로 시작한 구원은 선행으로 완성되어야 한다고 가르치며 특히 카톨릭교회를 통해서만 구원을 완전히 얻을 수 있다고 주장한다.

즉 성경에 기록된 그리스도의 진리에 대한 믿음과 병행하여 카톨릭 교회의 전통과 교리에 대한 믿음을 가져야만 완전한 구원을 받는 것으로 가르치고 있다.

〈참고〉:1545-1563년에 이태리 트렌토에서 개최되었던 카톨릭회의 내용의 일부를 소개하면, "만일 어떤 사람이 그의 죄를 사함받고 의롭게 되었다고 말하고……또 믿음으로 구원과 사죄가 완전히 가능하다고 말한다면, 그 사람은 저주받아야 한다"라고 주장한다(엡 2:8-9).

나. 마리아에 대한 견해

마리아는 예수님의 어머니로서 〔   〕 신성하다. 그는 아무 죄 없이 탄생하여 죄 없이 살다가 몸과 영혼이 승천을 하였다. 성모 마리아는 그리스도와 함께 인류를 구원하였다고 말할 수 있으며 하나님과 인간 사이를 중재하시는 분이시다(참조, 딤전 2:5, 롬 3:23, 중보는 한 분, 모든 사람은 죄인). 하지만 개신교는 성모 마리아를 하나의 〔   〕 즉 〔   〕으로 여긴다.

다. 〔   〕와 〔   〕이 그들의 믿음과 생활의 〔   〕로 인정받는다. 하지만 개신교는 성경을 〔   〕로 인정하고 〔   〕을 존중하지만 그 전통에 권위를 〔

  〕.

라. 교황은 그리스도의 신부로서 지상에 보이는 통치자이며, 결점이 하나도 없는 사람이다. 개신교는 교황을 〔   〕, 최고위급

신부에 불과하다고 여긴다.

6. 카톨릭교회에서 수행하는 성례들

천국에 이르는 7계단: 7성사를 통하여 구원을 얻는다고 믿는다.

(1) 영세(Baptism)
　천국에 가기 위하여서는 누구나 다 영세를 받아야 한다.
(2) 견진(Confirmation)
　영세받은 아이가 12세가 되면 견진을 받아야 한다. 이 예식을 통하여 완전한 성령을 그에게 준다고 해석함.
(3) 성체(Holy Eucharist)
　지금 신교의 성찬예식과 유사한 것으로서 그들은 빵과 포도주가 직접 예수님의 살과 피로 변한다고 가르친다.
(4) 고해(Penace)
　영세 후 여러 가지 범하는 죄는 신부로부터 용서를 받게 되며, 신부 앞에 가서 고백하여야 한다.
(5) 종부(Extreme Unction)
　죽기 전에 마지막으로 받는 성례로, 의식을 상실한 사람일지라도 종부의 성례를 받으면 구원을 얻는다.
(6) 신품(Holy Orders)
　신품성사는 받는 사람의 영혼에 영적 표시를 남기게 한다는 것이다. 이 표시는 결코 지워지지 않다고 한다.
(7) 혼배(Matrimony)
　결혼식도 성례의 하나로 보고 있다. 어떤 이유로도 이혼을 할 수가 없게 되어 있다. 그러나 교황청으로부터 "혼인무효"라는 증서를 받으면 이혼이 가능하다.

〈참고〉 개신교에서는 〔   〕과 〔   〕만 행하고 있다.

유대교(JUDAISH)

1. 유대교의 기원

가. 유대인들을 처음에는 "히브리 사람"들이라고 불렀다. 이 말은 그들의 조상 "에벨(Eber)"이라는 말에서 나온 이름이다(창 10:21 참조). 또한 노아의 아들 셈(Shem)으로부터 "Semitic"이란 말이 나오는데 이 말은 유대인과 아랍인을 가리켜 부르는 집단적인 이름이다.

나. 유대인들과 아랍인들에게 가장 중요한 조상은 아브라함이다. 아브라함(Abraham)은 기원전 2,000년경에 살았던 히브리인으로, 하나님께서는 그를 부르시고 장차 가나안 땅을 상속받게 될 한 큰 민족의 아버지로 만들 것을 약속하셨다(창 12:2).

다. 아브라함의 손자 이스라엘(야곱)에게는 12아들이 있었는데 그들이 이후에 이스라엘 12지파의 조상이 되었다. 애굽으로 이민을 갔다가 모세의 인도로 하나님께서 약속한 땅 가나안으로 돌아와 그 곳에 국가를 세우고 "〔   〕"이라 부르게 되었다.

라. 사울 왕, 다윗 왕, 그리고 솔로몬 왕을 중심으로 이스라엘의 전성기를 이루었으나 솔로몬 왕 후에 국가가 둘로 분열되어 북방은 이스

라엘(10지파) 그리고 남방은 유대(2지파)라고 부르게 되었다. 이스라엘은 기원전 721년에 아시리아에게 멸망당하였고 남쪽 유다는 기원전 586년에 바빌론에게 정복당하여 포로로 잡혀가게 되었다.

마. 유대인들의 종교인 유대교는 토라(Torah: 모세 5경: 율법서)에 기초를 두고 있다.

바. 유대인들은 서기 70년 로마인이 예루살렘 성전을 파괴할 때까지 그들 국토에 남아 있었다. 그러나 그 후 전세계 각지로 흩어져 핍박을 받으면서도 그들의 믿음을 지키려고 애를 썼다(가장 큰 핍박들: 독일 나치스에 의한 600만 명의 대학살).

사. 그 후에 하나님께서 예언서에서 약속하신 그대로 1948년에 세계에 흩어졌던 유대인들이 다시 그 땅에 돌아와 이스라엘 독립국가를 건설하게 되었다. 그리고 1967년에 이스라엘이 예루살렘을 다시 점령하였다(기원전 586년 이후 최초로 예루살렘을 점령).

2. 유대교의 종파

가. 정통파

모세의 율법을 글자 그대로 지키려고 노력하는 사람들(그들 생활의 규율)로 그들은 토라(모세오경), 미쉬나(Mishnah: 기원 후 200년경에 기록된 일상생활에 대한 교훈집) 그리고 탈무드(Talmud: 기원 후 500년경에 기록) 등 세 책을 생활의 지침으로 삼고 지켜오고 있다.

나. 보수파

토라에 대하여 좀 관대하게 해석을 하고 있는 사람들(그 율법을 정통파 못지 않게 중요하게 생각을 함)로서 히브리 언어와 유대교의 전통을 살리고자 노력을 하고 있다.

다. 개혁파

대부분의 개혁파들은 식사법이나 안식일에 하지 말아야 하는 일들에 대하여 무시하고 있으나 안식일과 성일을 지켜야 한다는 데는 일치하고 있다(유대인의 안식일은 금요일 일몰로 시작해서 토요일 일몰까지임).

3. 유대교의 특징

가. 유대교의 가장 성스러운 날은 "로쉬 하샤나(Rosh Hashana)"라고 하는 유대교 신접이며(9월-10월에) "욤 키퍼(Yom Kippur: 속죄일 The Day of Atonement)"라는 회개와 영혼 탐구를 위한 날이 있다. 그리고 애굽에서 무사히 떠나오던 날을 기념하는 유월절이 있다.

나. 성서의 도의적 윤리적 교리는 유대교와 기독교인의 정통의 일부이다. 그 외 두 교파의 유사점은 대단히 많다(주로 구약성서를 근거해서): 유대교가 기독교의 모체.

다. 유대교와 기독교를 분리시키는 요건은 예수 그리스도가 누구냐고 하는 질문에 대한 대답에 있다. 유대인들은 구약에서 예언하신 메시아를 기다리고 있었다. 그러나 그 메시아에 대한 개념의 차이가 있었다. 유대인들은 다윗과 같은 위대한 능력있는 메시아를 기대하고 있었기 때문에 보잘 것 없이 말구유에서 탄생하신 예수, 사랑으로 원수를 정복하라고 가르치는 예수를 메시아로 받아들일 수가 없었던 것이다.

라. 기독교인들은 예수님을 바로 하나님께서 보내 주시겠다고 약속하신 구세주, 즉 메시아로 믿고 받아들인다(예언과 성취: 마 16:16, 26:63-64, 눅 24:26, 요 8:28, 사 7:14, 마 1:21, 슥 9:9 참조).

4. 기독교와 유대교의 교리적인 차이점

가. 죄 문제

인간은 원죄를 갖고 태어나는 것이 아니며, 또한 선하게 태어나는 것도 아니다. 인간은 선악을 택할 수 있는 능력을 가지고 자유롭게 태어났다. 그러므로 각 사람은 자신의 죄 문제에 대한 책임을 가지고 있다.

나. 구원문제

유대인이든 아니든 구원은 하나밖에 없는 하나님을 믿고 또 도덕적인 생활을 함으로써 얻어지는 것이다. 유대교는 내세를 믿고 있으나, 현세에서의 윤리적, 도덕적 행동을 강조하는 것만큼 내세를 위한 준비에 관하여는 강조하지 않고 있다.

다. 예수 그리스도

예수를 훌륭한 〔   〕으로 믿고 있는 유대인들도 있다. 그러나 그들은 예수님을 구약에서 예언하신 〔   〕로 받아들이지는 〔   〕 그 이유는: (1) 예수님은 이 세상에서 지속

되는 화평을 주지 않았고, (2) 예수는 신이긴 하나, 그들이 생각하고 있는 메시아는 아니다. 그들의 메시아는 각 개인을 구원하는 메시아가 아니고, 이스라엘 민족을 압박과 고난에서 구해 낼 수 있는 하나님께서 보내신 사람이어야 한다.

그래서 그들은 예수님을 메시아(구세주)로 받아들이고 믿는 기독교인을 핍박하고 예수님에게 신성모독죄라는 누명을 씌워 십자가에서 사형을 시키게 되었던 것이다.

이슬람교(마호메트교)

아시아, 유럽, 아프리카에 약 4억 5천만의 신봉자를 가지고 있다. '이슬람'이란 '순종'이라는 뜻이며, 이 종교의 창시자인 〔   〕의 신 "알라"에 대한 절대적인 순종을 의미하는 것이다. 신봉자들은 그들 자신을 〔   〕(Muslims 혹은 Moslems)이라고 부르며 그 뜻은 '복종하는 자들'이라는 말이다.

1. 이슬람교의 창시

가. 이 종교의 창시자인 마호메트는 기원 후 570년에 아라비아의 메카에서 탄생하였다. 25세 때 부자 과부와 결혼하여 아들을 낳았으며, 그의 생애의 대부분을 묵상 가운데서 지냈다.

나. 그는 천사로부터 여러 가지 중요한 계시를 받았다고 주장하였다. 이슬람교의 경전인 〔   〕(그 뜻은 '암송')은 마호메트에게 주어진 계시의 '암송'이다. 그는 10년간 여러 가지 계시를 받아 전파하였다.

다. 622년 7월 16인 마호메트는 부인이 죽은 후 핍박을 당하여 야트리브(Yathrib)로 도망하게 되었는데 바로 이 도망을 가리켜 '헤지라(Hegira)' 라고 부르며 이것이 이슬람교의 시작이 된 것이다.

라. 나중에 마호메트를 기념하기 위하여 야트리브를 〔   〕(Media) 라고 재명명했으며, 이는 '예언자의 도시' 라는 뜻을 가지고 있다.

마. 그 후 630년에 이슬람교도들이 메카를 점령하고 마호메트가 〔   〕에 입성하였다. 마호메트는 2년간 아라비아의 예언자이며 지도자로서 그 위치를 확고히 했다(63세 사망).

바. 코란의 가르침: 코란은 이슬람의 경전이다. 코란은 114장으로 돼있으며, 하늘의 원본에서 복사를 한 것이라고 주장하고 있다.

2. 이슬람교의 5가지 교리: 이슬람교인이면 누구나 다 믿어야 하는 교리임

가. 하나님
   참된 하나님은 하나뿐인데 이는 곧 알라신이다.

나. 천사들
   천사들 중에 주가 되는 천사는 마호메트 앞에 나타났다고 하는 가브리엘 천사이다. 또한 사탄이라고 불리우는 타락한 천사와 그를 따르는 마귀라고 불리우는 천사들이 있다.

다. 경전
   이슬람교인들은 하나님으로부터 영감을 받아 네 개의 책을 믿고 있다. 즉 모세의 오경(토라), 다윗의 시편, 예수의 복음, 그리고 코라의 경전(코란)이 그것이다. 코란은 알라신이 인류에게 한 마지막 말로서 이 책은 이전에 쓴 모든 다른 책을 능가하는 책이다.

라. 마호메트

알라의 예언자 28명이 코란에 기록되어 있다. 아담, 노아, 아브라함, 모세, 다윗, 요나 및 예수가 그 28명 중에 하나이다. 그러나 그 중에 마호메트가 가장 위대한 예언자이다.

마. 마지막 날

죽은 사람들은 마지막날에 부활하게 될 것이며, 알라가 그 심판자가 되어 사람들을 천국 또는 지옥으로 가도록 만든다. 천국이란 쾌락의 장소이며, 지옥은 알라신과 그 예언자 마호메트를 거역한 사람들을 위한 장소이다.

3. 이슬람교의 5가지 표준: 이슬람교인들이 지켜야 할 5가지 의무

가. 신앙진술

이슬람교인이 되기 위해서는 알라신 외엔 다른 신이 없으며 알라신의 예언자는 마호메트라는 신앙진술을 신자 앞에서 계속 반복하여야 한다.

나. 기도

매일 5번 기도의 의식을 지켜야 한다. 즉 성지 메카를 향하여 머리를 숙여야 한다.

다. 자선 행위

신자의 총수입의 1/40을 자선행위에 바치도록 되어 있다. 이 금액은 과부, 고아, 환자 및 불행한 사람들에게 주어진다.

라. 〔   〕

이슬람교인들의 음력 9월을 〔   〕이라고 하는데 가장 성스러운 계절로서 한 달 동안 계속하여 금식을 하게 되며 일몰하자마자 큰 잔치가 벌어진다. 이 기간 중에 잘못을 저지르면 그의 금식은 무의미하게 되고 만다고 한다.

마. 〔   〕

신자의 생애에 최소 한 번은 메카를 순례해야 되며 이것을 하지(Hajj)라고 한다. 만일 순례하기가 곤란한 경우에는 다른 사람이라도 보내야 한다.

4. 성경이 이슬람교리에 끼친 영향

성경이 이슬람교리에 끼친 영향은 대단하다. 아랍사람들은 그들의 조상이 아브라함의 아들 이스마엘인 것을 자랑으로 여긴다. 그들의 교리는 성경과 거의 동일하다. 그러나 예수님에 대한 그들의 가르침을 보면(규라서 4:171) "예수는 알라신의 사자에 불과하다"라고 하여 예수님을 마호메트보다 하위에 두고 있다. 또한 예수께서 십자가에 달리시기 직전에 알라신이 그를 천국으로 데리고 갔고 십자가에서 죽은 사람은 예수님과 아주 많이 닮은 가룟 유다라고 가르치고 있다.

5. 기독교의 교리와 다른 점

가. 하나님
알라신 외에는 다른 하나님이 없다.

나. 예수 그리스도
단지 아담, 노아, 아브라함, 모세와 같은 한 선지자에 불과하며 마호메트보다 더 중요한 인물은 아니다. 예수님은 인간의 죄를 위하여 십자가에서 돌아가신 일이 없고, 십자가에서 죽은 사람은 가룟 유다이다.

다. 죄
죄는 알라신의 뜻에 등한히 하는 일, 또는 5가지 표준에 기록된 종교적 의무를 등한히 하는 것이다.

라. 구원
사람은 자기 스스로 구원을 얻고 자기 자신이 죄의 값을 치룬다.

불교

1. 불교의 창시

가. 불교의 창시자는 [   ]라는 사람으로 기원전 560년경 인도 국경 네팔의 룸비니(Lumbini)에서 힌두교인으로 출생함 (고타마는 '깨달은 사람'이라는 뜻).

나. 그의 아버지는 그 아들이 지상에서 위대한 통치자가 되기를 원하여 그에게 궁전을 건립해주었고, 후에 고타마는 '야소다라'라고 부르는 미인과 결혼하여 득남하기도 하였다.

다. 어느 날 고타마가 궁전 속을 거닐다가 노인, 상처를 받아 쓰러져가는 병자, 묘지로 향하고 있는 시체, 행복하게 보이는 승려가 구걸하고 다니는 모습을 보게 되었다. 그날 밤 병, 늙음, 죽음, 인생이 무엇인가 하는 고민을 하게 되어 새벽에 잠들고 있는 처자를 마지막으로 쳐다보고 그 궁전을 영원히 떠나게 되었다.

라. 29세 된 고타마는 인생의 수수께끼를 풀기 위해 머리를 깎고 노란색의 옷을 입고 거지승려행세로 시골을 돌아다니게 되었다. 처음에는 훌륭한 선생님들로부터 우파니샤드(Upanishad)를 배워 연구했으나 만족을 얻지 못했다. 그 후 그는 자기를 부인해서 구원을 얻으려고 시도했으며, 또한 거의 뼈만 남을 정도로 금식, 극기, 고행난행을 해 보았으나 역시 마음의 평화와 행복을 찾을 수 없었다.

마. 그러다 그는 한 나무 밑에서 40주야를 앉아 있었다. 그가 구하는 것을 발견할 때까지 움직이지 않기로 결심했던 것이다. 40일 후에 그는 결국 열반(Nirvana) 상태를 경험하게 되었고 자신의 구원을 발견했다고 느꼈다. 이때부터 그를 부처라고 부르게 된 것이다. 그 후 부처(Buddha)는 인간세계로 내려와 설교를 시작하였으며 생의 뜻과 구원에 대한 진리를 가르치기 시작했다.

바. 그 후 그는 승려들의 규범인 '상하(Sangha)'를 만들어 내었고, 45년

후 사망할 때까지 수천 명이 그 종교를 받아들였는데, 이를 불교라고 부른다.

2. 중도와 4가지 고상한 진리들: 4체 - Four Noble Truthes

가. 고체

고통은 누구에게나 있다. 구원이란 이렇게 계속되는 고통으로부터 면함을 받게 됨을 말한다.

나. 집체

고통의 원인은 자아욕망에 있다. 인간이 부단히 계속되는 고통 속에 있게 되는 것은 세상일에 너무 집착되어 있는 까닭이다. 불교에서는 이를 번뇌(Tanha)라고 한다.

다. 멸체

고통의 원인을 제거한다는 것은 번뇌를 제거하는 것이다. 즉 사람이 자아욕망만 버리면 고통이 자연히 없어지게 된다는 것이 부처의 위대한 발견이요 가르침이다.

라. 도체

중도를 따름으로 욕망을 제거할 수가 있다. 부처의 이론 가운데 가장 중요한 것은 중도이다(구원에 이르는 영적인 길을 가리켜 '중도'라고 한다).

· 부처는 사람이 스스로 그 욕망을 없앨 수 있게 하는 제도를 만들었다. 이 제도를 가리켜 '팔정도(Eightfold Path)'라고 하는데, 팔정도란 옳은 생활의 방법

이 8가지로 구성되어 있음을 가리키는 것이다.
① 정견(正見) ② 정사(正思) ③ 정어(正語) ④ 정업(正業) ⑤ 정명(正命)
⑥ 정정진(正精進) ⑦ 정념(正念) ⑧ 정정(正定)
· 이 팔도를 따르는 사람은 모두 열반에 이를 수 있게 되며 죽음과 환생의 부단한 순환으로부터 자유롭게 된다는 것이다.

3. 20세기의 불교의 형태

여러 가지 형태가 있다. 티베트에서는 귀신을 숭배하는 불교가 있고, 일본에서는 새로운 군대적 요소가 숭배되고 있다. 그러나 불교의 두 가지 기본형태에는 소승불교(Hinayana)와 대승불교(Mahayana)가 있다.

가. 〔　　　〕: (미얀마, 태국, 캄보디아, 라오스에서 성행)
'소수의 신자가 갈 수 있는 교리'의 불교인데, 다행스러운 소수의 사람만이 열반에 이를 수 있다고 믿고 있음. 부처의 도를 정확히 따르는 자만 열반에 이른다.

나. 〔　　　〕: (중국, 일본, 한국, 티베트, 베트남 등)
구원은 모든 사람을 위한 것이라는 부처가 믿었던 것을 가르치는 파. 부처는 본래 각 사람이 스스로 구원해야 한다고 가르쳤으나, 후에 '구주론'을 전개하여 부처를 인류의 구세주로 만들었다. 부처는 이미 열반에 이르렀으나 45년간 세상에 남아 그 구원의 도를 인류에게 가르쳤으므로 그는 우리의 구세주가 된다고 주장함.

4. 기독교와 다른 점

가. 하나님

불교에서는 개인적인 하나님의 존재를 인정하지 않는다.

나. 예수 그리스도

훌륭한 선생님으로 불교에서도 인정은 하나, 부처보다 더 중요한 인물이라고는 인정하지 않는다.

다. 죄

인간의 진전을 방해하는 것이 죄다. 우리들 개인이 자기 죄에 대한 책임을 져야만 한다.

라. 구원

불교에서는 자기 노력으로 구원을 얻어야 한다고 가르치며, 또한 가능하다고 생각한다.

5. 기타 참고사항

가. 부처는 진리의 길을 발견했다고 했지만, 예수님은 자신을 가리켜 "내가 진리다"라고 말씀하셨다(요 14:6).

나. 부처는 현생은 고통이고 내세에만 참 행복이 있다고 가르쳤으나, 예수님은 내세의 구원은 물론 현세에서도 풍성하고 만족한 삶을 산다고 제시하셨다(요 10:10).

다. 부처는 죄를 지적하고 각자 해결을 해야 한다고 가르쳤지만, 예수님은 죄의 해결 방법까지 제시하여 주셨다. 즉 구원의 보장을 주셨다 (사 1:18, 요일 1:9).

라. 부처의 유해는 존경의 표시로 화장되었는데, 거기서 나온 유골 및 사리는 분배되어 여러 나라에서 가져가 탑 속에 봉안되어 지금도 이 땅에 존재하고 있지만, 예수님의 무덤은 빈 무덤으로 남아 있다 (부활의 종교, 요 20장 참조).

마. 부처는 우리의 노력으로 구원을 받는다고 가르쳤지만, 예수님은 은혜와 믿음으로 구원을 받는다고 가르쳤다(엡 2:8-9).

힌두교(HINDUISM)

1. 기원과 배경

기원전 2,000년경 당시 발전하였던 아리안족들이 인더스강 유역의 사람들을 정복하였을 때 힌두교가 두각을 나타내기 시작했다.

기독교에서 성경을 소중히 하듯 힌두교에서는 '베다(VEDA)', 즉 계시 받은 지혜를 성스럽게 여긴다. 그 후에 힌두교 중에 브라만(Brahman)이라고 하는 일당이 생겼는데 그들은 주로 성직자의 임무를 수행하는 사람들로서 나중에는 점차 강화되어 상류사회를 차지하게 되었다. 이들은 '베다'에다가 기록을 가하여 그 경전을 〔   〕라고 불렀다.

2. 힌두교의 4가지 사회 계급제도

(1) 브라만(승려계급), (2) 크샤트리아(무사계급), (3) 바이샤(농부계급), (4) 수드라(노예계급)로 구분되어 있으며 처음 3계급은 힌두교가 제공하는 모든 것을 이용할 수 있으나 노예계급은 베다를 읽을 수도 없고 구원을 얻을 권한도 부여되어 있지 않다.

3. 힌두교인 생활의 4단계와 네 가지 목표

3가지 상류계급에 속하는 힌두교인들이 구원을 받을 수 있는 상세한 방법이 '베다'에 잘 설명되어 있는데 힌두교인 소년들에게 그 우선권이 주어져 있다. 여자들에 관하여는 설명조차도 없다. 소년들은 중생한 것으로 간주되는데 그 후에 그들은 4가지 단계를 거쳐야 한다.

(1) 학생, (2) 처자를 둔 가장, (3) 속세를 떠나 계시를 추구하는 묵상인, (4) 속세의 모든 것을 버리고 가정 없이 방랑하는 자의 4가지 단계를 거쳐야 한다. 그에게는 일생에 있어서 다음과 같은 4가지 목표가 부여된다.

(1) 의롭고 덕행이 있으며, (2) 물질적 재물을 소유하며, (3) 사랑, 기쁨, 그리고 미의 감상을 통한 생을 즐기며, (4) 생활을 초월한 영적 승리를 얻는 것 등이다.

4. 힌두교인의 믿음과 교리

가. 환생(Reincarnation)은 결국 열반(Nirvana)에 이른다고 믿는다.

나. 자아(Atman)가 그 본위치로 돌아가는 단 한 가지 방법은 환생

(Reincarnation) 또는 Punar-janman이라고 한다.

다. 생존하며 숨쉬고 있는 모든 생물에게는 아트만(자아: Atam) 또는 혼(soul)이 있는데, 그것은 세상혼(paramatman: World Soul)의 한 부분이라고 보는 것이다.

라. 각 개인의 혼은 이 세상의 시간과 공간(마야: Maya)에 존재하는 동안 세상혼으로 돌아가고자 노력을 하고 있다고 한다. 혼을 놓아주는 또 한 가지 방법은 요가(Yoga)에 의한 것으로 육체의 욕망을 저지시킴으로써 죽음과 환생의 순환을 취하여 세상혼과 합쳐지게 된다는 것이다. 한 번 자아를 스스로 잃고 세상혼에서 본질을 잃게 되면 열반을 통과했다고 믿으며, 그 때에야 비로소 힌두교인으로서의 생활을 하게 된다고 한다. 즉 무한세계(The Infinite)로 내딛게 되는 것이다.

마. 힌두교는 〔   〕를 인정하지 않는다. 이 세상이 영원한 것이 아니기 때문이다. 진실된 것은 오직 자기를 자제함과 묵상하는 것 뿐이라고 한다. 신자는 그의 혼이 태어나고, 죽고, 다시 살아나는 순환과정은 열반(무한세계)에서 자유를 발견할 때까지 계속한다고 믿는다.

바. 우파니샤드(UPANISHAD): 기원전 800-300년간에 기록된 것으로 인간이 구원받는 방법을 가르쳐 주는 책이다. 힌두교인들은 우파니샤드를 그들의 성서로 간주하고 믿고 있다.

사. 사실상 힌두교는 종교라기보다는 〔   〕에 불과하다고 볼 수 있다. 개인과 아무 관계가 없는 브라만 신을 사실 이상으로 확대시키고 있으며, 그 신을 자기 안에서 찾고 있다. 힌두교인들에게는 사람이 바로 신이다. 그러므로 힌두교의 신은 너무 미소하다고 볼 수 있다.

5. 기독교의 교리와 차이점에 대한 고찰

가. 하나님
힌두교인들은 수백만의 사소한 신을 가지고 있으며, 브라만 신은 무형이며, 추상적, 영원한 존재이나 아무런 특성도 없다.

나. 예수 그리스도
예수 그리스도는 하나님의 많은 아들 중 한 사람이다. 그는 하나님의 독생자가 아니며, 다른 사람보다 신성함이 더 많은 것도 아니고, 우리 인간의 죄를 위하여 죽은 것도 아니다.

다. 죄
선과 악은 상대적인 어휘이며 무엇이든지 돕는 것은 선이며, 무엇이든지 방해하는 것은 악이다. 사람이 스스로 자기 자신을 알기 위하여는 이 장애물들을 거치지 않을 수가 없는 것이다. 사람이 현생에서 성공치 못하면 환생시·또다시 노력을 할 수 있다.

라. 구원문제
인간은 헌신, 묵상, 선행 및 자기 자제를 통하여 의롭게 될 수 있다.

마. 참고사항
(1) 간디가 예수님을 보아온 관점
"그리스도가 하나님의 독생자라고 하며 그를 믿는 자만 영생을 얻으리라고 하는 것을 나는 믿기가 힘들다. 하나님께서 아들을 가질 수 있었다면, 우리 모두가 다 하나님의 아들이 될 수 있다. 예수가 하나님과 같았다면……그 때엔 모든 인간들도 하나님과 같았을 것이며, 그들 모두가 하나님이 될 수도 있는 것이다."

(2) 죄와 구원 문제에 대한 간디의 견해
"내가 잘 알고 있는 것은 하나님은 새 생명을 주관하시는 분이시라는 것이다. 그의 자손인 내가 그에게서 아직도 멀리 떨어져 있다는 것은 견딜 수 없는 고통이다. 나는 내가 하나님으로부터 멀리 떠나 있다는 것이 내 안의 악한 여러 가지 감정 때문이며, 그것들로부터 떠날 수도 없다는 것을 알고 있다."

즉 간디 자신도 죄에 대한 고민, 구원에 대한 열망이 있으면서도 죄 문제의 해결점이나 구원에 대한 확신을 찾지 못하고 고민하는 상태로 인생을 살다가 세상을 떠났다고 볼 수 있다. 그러나 우리 신자들은 주님의 보혈로 모든 죄를 깨끗하게 씻음받고, 구원에 대한 분명한 보장과 확신을 이미 얻고 즐거움으로 살고 있다.

제 12과 비교종교 이해에 대한 평가표

각종 종교에 대한 청지기로서의 이해가 어느 정도인지 살펴보시기 바랍니다.

1. 청지기로서 타종교 이해   (%)

가. 기독교와 다른 종교의 차이를 분명히 구분할 수 있다.   20   40   60   80   100

나. 예수 그리스도 외에는 구원이 없음을 분명히 믿고 있다.   20   40   60   80   100

다. 유대교는 예수님을 구주로 인정하고 있다.   맞다(   )   틀리다(   )

라. 이슬람교는 예수님을 구주로 인정하고 있다.   맞다(   )   틀리다(   )

마. 불교는 예수님을 구주로 인정하고 있다.   맞다(   )   틀리다(   )

2. 로마 카톨릭 이해

가. 카톨릭교회가 주장하는 구원의 교리는 개신교와 똑같다. (O   X)

나. 교황은 그리스도의 신부로서 지상에 보이는 통치자이며, 결점이 없는 자이다
    (O   X)

다. 교회의 최종의 권위는 성경과 교회이다 (O   X)

라. 마리아는 예수님의 어머니로서 예수님처럼 신성하다 (O   X)

마. 카톨릭교회가 실시하는 성례들 중에서 개신교에서 실시하는 것에 O표 하세요.

　　(1) 영세　　　(2) 견진　　　(3) 성체　　　(4) 고해

　　(5) 종부　　　(6) 신품　　　(7) 혼배

3. 유대교

가. 유대교에도 구원이 있다.

나. 유대교의 경전과 규율집으로는 토라, 미쉬나, 탈무드가 있다.

다. 유대인들은 아직도 메시아를 기다리고 있다.

라. 히브리인, 유대인, 이스라엘인은 모두 같은 민족이고, 모두 유대교인이다.

4. 불교, 이슬람교, 힌두교

가. 다음 문제에 해당되는 내용을 보기 에서 찾아 번호를 괄호 안에 쓴 후 불교와 이슬람교와 힌두교로 구분하시오.

보기

① 불교의 창시자 ② 이슬람의 창시자 ③ 이슬람의 신
④ 이슬람의 경전 ⑤ 힌두교의 경전 ⑥ 불교와 힌두교의 환생
⑦ 힌두교의 신 ⑧ 이슬람의 성지 ⑨ 힌두교의 계시받은 지혜
⑩ 복종하는 자들이라는 뜻으로 이슬람교도 ⑪ 불교의 생활원리
⑫ 불교에서 구원에 이르는 영원한 길

· 중도 (   ) · 모하메트 (   ) · 베다 (   ) · 열반/닐바나 (   )
· 모슬림 (   ) · 고타마 (   ) · 메카 (   ) · 우파니 샤드 (   )
· 브라마나 (   ) · 코란 (   ) · 브라만신 (   ) · 알라 (   )
· 4체와 팔정도 (   )

나. 힌두교의 4가지 사회계급을 서로 연결해보세요.

(1) 브라만   ·   · 무사계급
(2) 크샤트리아 ·   · 농부계급
(3) 바이샤   ·   · 노예계급
(4) 수드라   ·   · 승려계급

부 록

· 할렐루야교회

· 충현교회

· 신촌교회

· 후암백합교회

· 횃불교회

· 평강교회

다음의 교회조직표/행정기구표는 교단별로 각 교회의 허락을 받아서 소개한다. 교회조직의 이론적인 면보다는 실제적인 면을 소개하려고 실제교회명을 밝혔으며, 조직의 장단점에 대한 견해는 독자들의 판단에 맡긴다.

1. 할렐루야교회(김상복 목사 시무)는 초교파교회이며, 제직회가 따로 없이 위원회 중심으로 운영하는 교회이다.
2. 충현교회(김성관 목사 시무)는 장로교회(합동측)이며, 제직회가 있지만 대형교회이므로 위원회 중심의 교회이다.
3. 신촌교회(이정익 목사 시무)는 성결교회이며 위원회와 직원회가 동시에 활동하는 교회이다.
4. 후암백합교회(유종길 목사 시무)는 중형 교회이지만 위원회 중심의 교회이다.
5. 횃불교회(송용필 목사 시무)는 침례교회이며, 침례교회의 특징인 회중정치가 그대로 나타나는 성도총회가 있고 제직회 중심으로 운영하는 교회이다.
6. 평강교회(이동휘 목사 시무)는 감리교회이며, 조직이 단순하다. 또한 감리교회의 특징인 속회(구역)조직을 갖고 있다.

할렐루야교회(초교파교회)

당 회

1. 경로대학
2. 관리위원회
3. 교구위원회 — 7교구 — 각 남녀 다락방 — 각 3-6지역
4. 교육위원회 — 사랑/영아/유아/유치/유년/초등/중등/고등부
5. 국내선교회
6. 기획위원회
7. 나눔위원회
8. 미술위원회
9. 봉사위원회
10. 북한선교회
11. 상담위원회
12. 새교우위원회
13. 서무위원회
14. 스포츠선교회
15. 심방위원회
16. 심야기도위원회
17. 예배위원회 — 외국어 예배부(영어부, 일어부)
18. 오늘의 양식사
19. 음악위원회 — 1부, 2부, 시온, 다윗성가대/ 오케스트라/ 핸드벨/할렐루야 싱어즈/샤론중창단/크로마하프
20. 의료선교회
21. 인사위원회
22. 재정위원회
23. 전도위원회
24. 젊은이위원회 — 디모데부/대학부/청년부/새가정부
25. 정보통신위원회
26. 제1조의위원회
27. 제2조의위원회
28. 중보기도위원회
29. 직능별선교회 — 에스라(교수)/법조인/호스피스/교육자선교회/실업인선교회
30. 차량위원회
31. 출판홍보위원회
32. 친교위원회
33. 카세트선교회
34. 평신도목회연구원
35. 할렐루야 성경대학
36. 할렐루야 신문사
37. 할렐루야 장학회
38. 해외선교회

** 자치기관 — 1-7 남선교회/1-11 여선교회

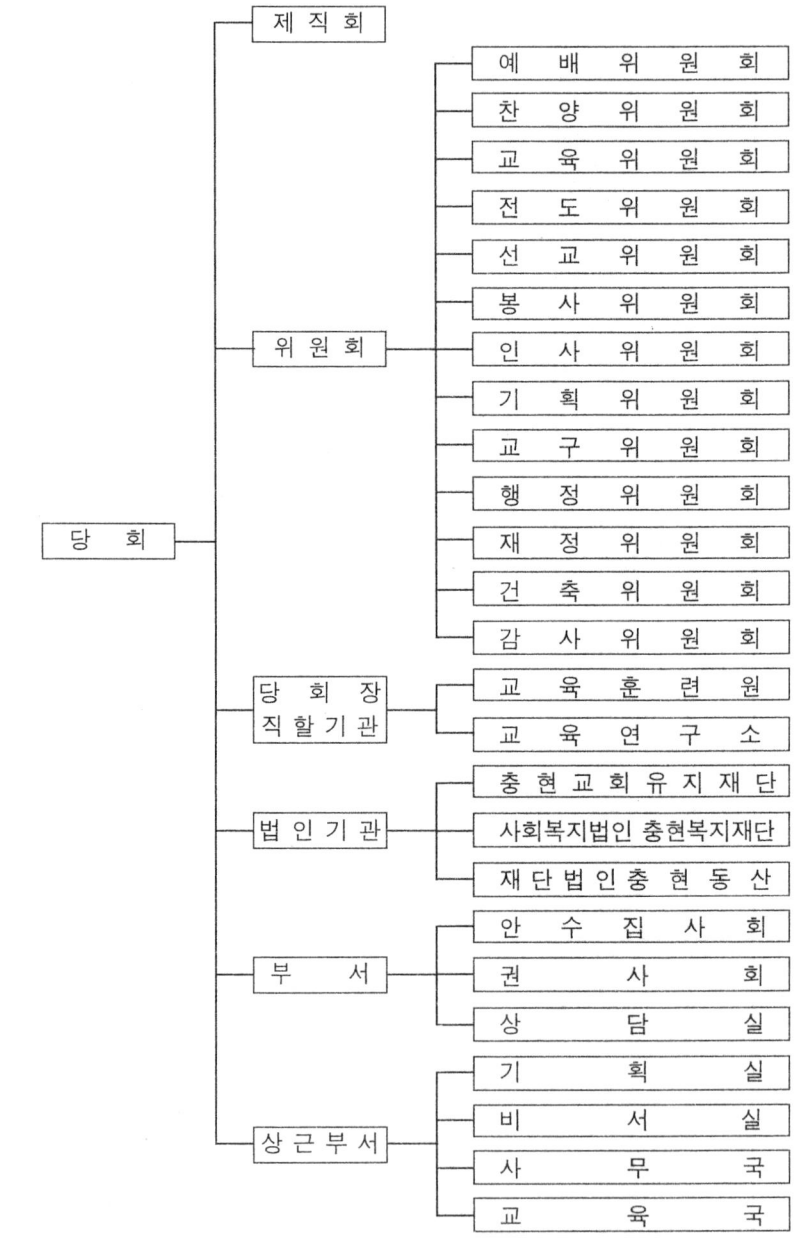

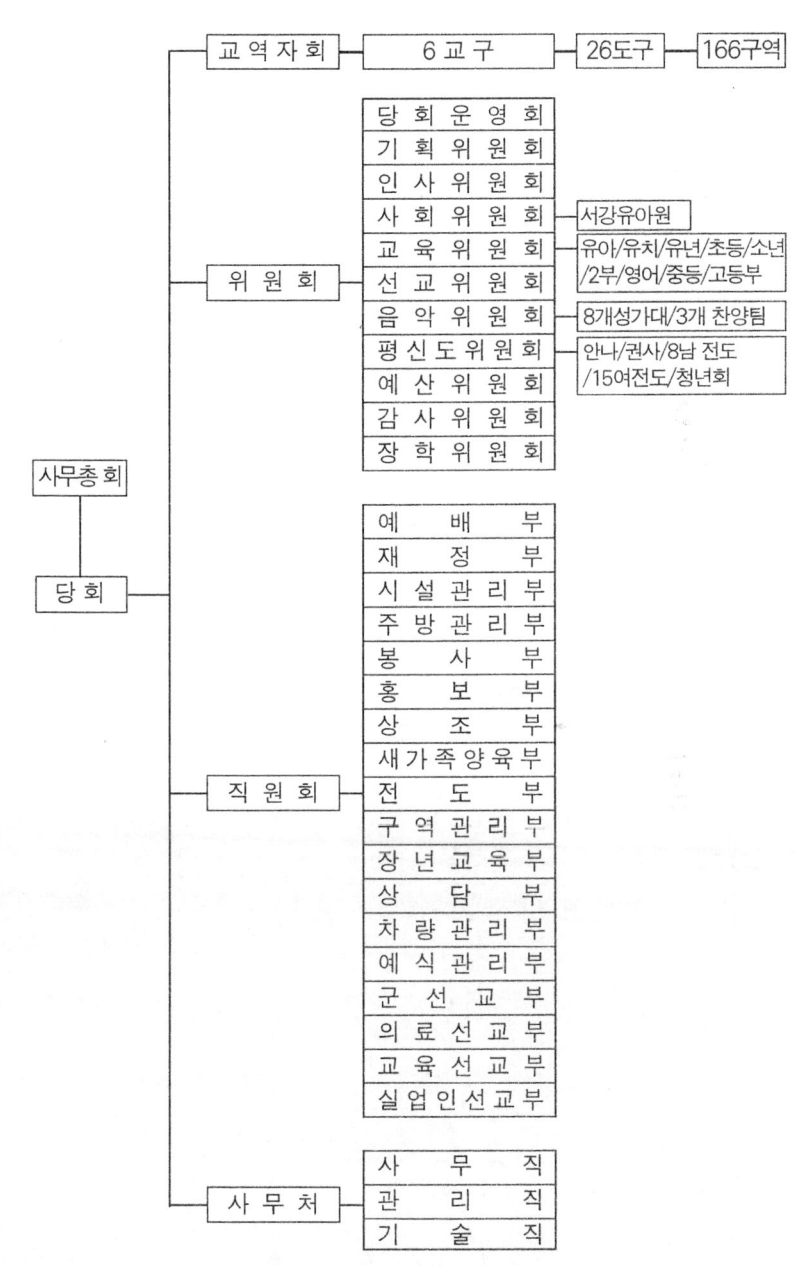

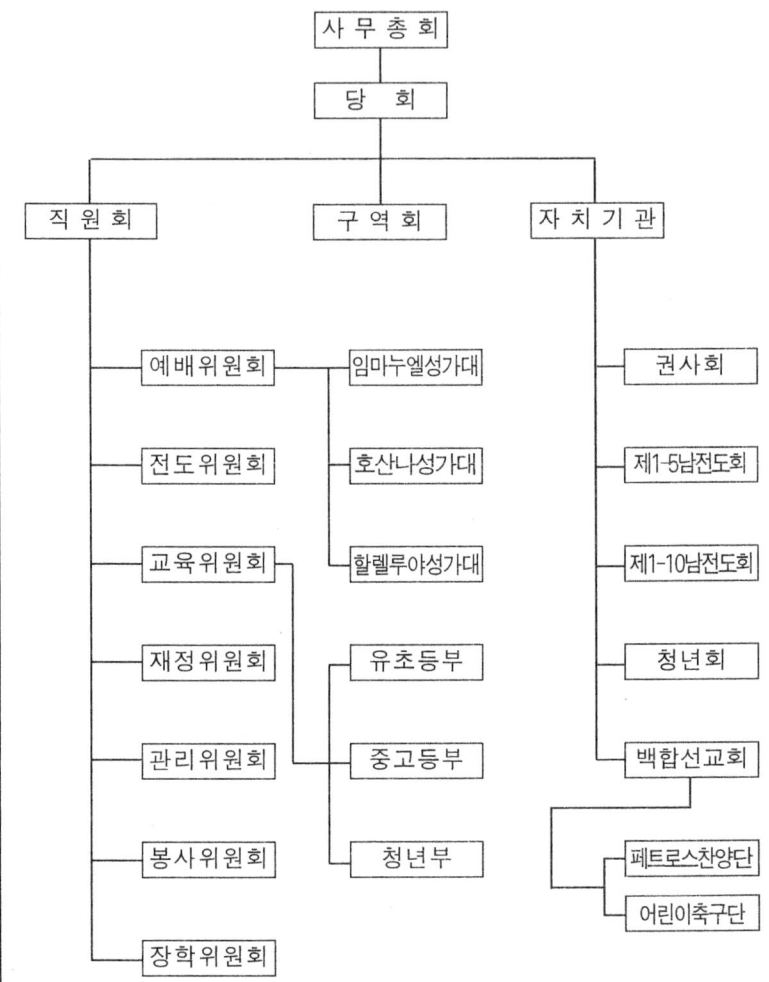

횃불교회(침례교회)

1. 교회조직

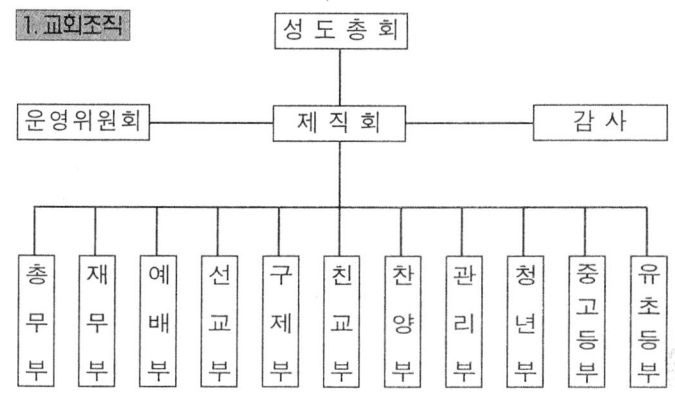

2. 교회학교 조직

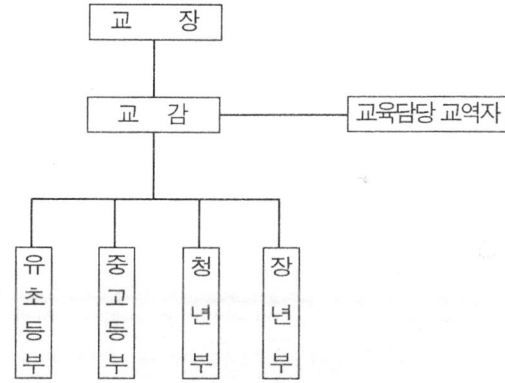

3. 전도회 조직

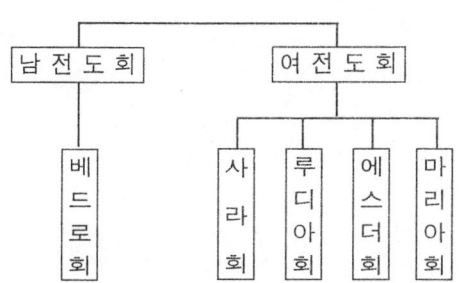

평강교회(감리교회)

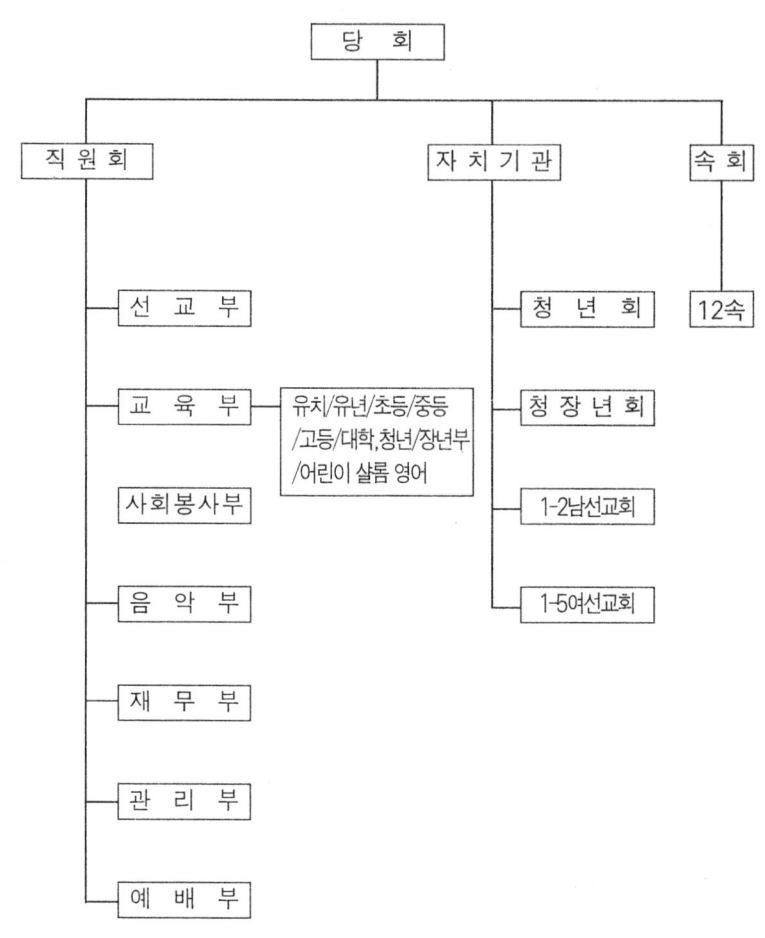

헌신된 제직 만들기 12주 프로젝트(학습자용)

1999년 12월 13일 초판 발행
2005년 5월 11일 초판 6쇄 발행

지은이 • 이영운
발행인 • 김수곤
발행처 • 선교햇불
등록일 • 1999년 9월 21일 제54호
등록주소 • 서울시 송파구 삼전동 103번지
전　화 • (02)2203-2739
팩　스 • (02)2203-2738
홈페이지 • www.ccm2u.com

총　판 • 선교햇불

ⓒ 이영운
※이 출판물은 저작권법의 보호를 받으므로 무단 복제를 할 수 없습니다.